Anton Schulenburg

Gib dich nie auf

Überlebensstrategien für ein langes, gutes und
beschwerdefreies Leben mit Diabetes Typ 1

© 2017 Anton Schulenburg

Lektorat, Korrektorat: Ilka Schulenburg

Weitere Mitwirkende: Marita Eckert, Jonathan Schulenburg, Amjad Subhya

Verlag&Druck: tredition GmbH, Hamburg

ISBN Paperback   978-3-7439-3931-8

ISBN e Book   978-3-7439-3933-2

Inhaltsverzeichnis

Vorwort

Jetzt sind es über 56 Jahre her, dass bei mir Diabetes Typ 1 festgestellt wurde und ich mein Leben radikal ändern musste. Glücklicherweise plagen mich bis jetzt keine Spätkomplikationen des Diabetes. Seit Jahren motiviert mich ein guter Freund, der selbst Arzt ist und im Operationssaal oft die diabetesbedingten Folgeoperationen bei Zuckerkranken erlebt. Ich solle doch mein Leben mit dem Diabetes für jedermann nachvollziehbar in einem Buch darlegen. Ich willige ein, und je mehr ich mich mit diesem Vorhaben beschäftige, merke ich, dass es nicht nur um eine äußere objektive Darstellung meines vom Diabetes gezeichneten Lebens geht. Nein, ich bin schicksalhaft betroffen und das fordert mich heraus und meine Worte sind letztlich ein Bericht der Entwicklung meiner Persönlichkeit unter dieser von mir nicht gewählten und überhaupt nicht erwünschten Konstellation.

Ich empfinde den Quasi-Schicksalsschlag April 1961 – die Diagnose Diabetes Typ 1 – eigentlich im Rückblick betrachtet nicht als etwas Negatives, sondern als die Eröffnung neuer Horizonte, ungeahnter Möglichkeiten für mich. Alle folgenden Stufen meines Lebens: Erwerb der mittleren Reife, Lehre und Berufstätigkeit beim Steuerberater, das Nachholen des Abiturs im zweiten Bildungsweg, das sich anschließende Studium und die Berufstätigkeit als Gymnasiallehrer hätte ich ohne dieses umwälzende Ereignis nicht betreten. Seit Frühjahr 1961 gehe ich meinen Weg unter der erweiterten Problemstellung: Leben mit einer Mangelkrankheit – Fehlen des lebenswichtigen Hormons Insulin. Mein Leben gewinnt eine andere Richtung und immer wieder neue Herausforderungen warten auf mich. Wenn ich das bewältigen will, was mir als Schwierigkeit vor die Füße fällt – die Krankheit, meine Krankheit – kann dies nur gelingen, wenn ich sie mit Haut und Haaren als erweiterte Lebensaufgabe annehme. Wenn ich mich dagegen wehre und sie ablehne, gelingt mein Leben nicht oder ich erleide Schiffbruch trotz allen Einsatzes.

Zur Ergänzung des Vorwortes

Bitte

Wir werden eingetaucht
und mit dem Wasser der Sintflut gewaschen,
wir werden durchnäßt
bis auf die Herzhaut.

Der Wunsch nach der Landschaft
diesseits der Tränengrenze
taugt nicht,
der Wunsch, den Blütenfrühling zu halten,
der Wunsch, verschont zu bleiben,
taugt nicht.
Es taugt die Bitte,
daß bei Sonnenaufgang die Taube
den Zweig vom Ölbaum bringe.
Daß die Frucht so bunt wie die Blüte sei,
daß noch die Blätter der Rose am Boden
eine leuchtende Krone bilden

Und daß wir aus der Flut,

daß wir aus der Löwengrube und dem feurigen Ofen

immer versehrter und immer heiler

stets von neuem

zu uns selbst

entlassen werden.

(Hilde Domin, Gesammelte Gedichte, S. Fischer Verlag, 1995 S. 117)

1. Der Blitz schlägt ein - die Diagnose: Juveniler Diabetes

Ich bin 14 Jahre alt (Frühjahr 1961), lebe in Hannover und lerne Konditor. Ein Jahr wohne und arbeite ich jetzt hier und erlerne die Einzelheiten der Kuchen- und Tortenherstellung und erlebe die Zusammenarbeit in einem Café mit eigener Konditorei. Es macht mir Spaß hier zu Hause zu sein. Als Lehrling bin ich bei meinem Lehrherrn, Arno Waldstein, Hannover-Herrenhausen, untergebracht. Lehrverhältnis mit Familienanschluss ist zu dieser Zeit üblich. Ich bin gern hier, und jetzt erfahre ich auf einmal durch eine ärztliche Reihenuntersuchung in der Berufsschule, dass ich zuckerkrank bin, hochgradig. Ich muss von heute auf morgen ins Krankenhaus. Ich komme ins heimatliche Kreiskrankenhaus Sulingen. Für mich und meine Eltern bricht eine Welt zusammen. Schon wieder bin ich betroffen als das dritte von fünf Kindern. Ich bin das anfälligste aller Kinder und habe schon als Kleinkind Typhus und Diphtherie durchlitten und bin später noch an Scharlach und Mumps erkrankt.

11

Jetzt harre ich der Dinge, die auf mich zukommen. Im Krankenhaus wird die Diagnose gestellt: Juveniler Diabetes. Man entfernt mir die Mandeln und versucht mich einzustellen, was ein schwieriges Unterfangen wird. Dies zieht sich sechs bis sieben Wochen hin, weil bekanntlich der jugendliche Diabetes schwer einzustellen ist.

Es beginnt eine Zeit der Umstellung für mich. Wie gerne habe ich Eis und verschiedenste Kuchensorten, die ich ja schließlich selber hergestellt habe, gegessen - am liebsten „Coup Dänemark " (Vanilleeis mit heißer Schokolade und Schlagsahne). Die behandelnden Ärzte raten davon ab, den Beruf weiter zu lernen. Ich solle die Ausbildung abbrechen. Aber ich bin gerne Konditor!

Ich lerne das Insulinspritzen - morgens und abends bestimmte Dosen Depot-Insulin in den Oberschenkel oder Oberbauch zu injizieren. Darüber hinaus gewöhne ich mich daran, über den Tag verteilt einen bestimmten Essensplan einzuhalten. Es gilt 19 BE (Broteinheiten) möglichst in kleinen Portionen über den Tag verteilt zu essen. Ich beginne Nahrungsmittel in Kalorien und BE umzurechnen und zu taxieren, um unabhängig von der ständigen Wiegerei zu werden. Die Fettanteile müssen beachtet werden. Nach Wochen wollen die Werte einfach nicht stimmen. Zur Stabilisierung der Zuckerwerte sollte ich mich körperlich betätigen. Aber wie das im Krankenhaus anstellen? Der Oberarzt hat eine glänzende Idee: Ich solle das Bohnern der Flure übernehmen. Nun gut, ich bohnere täglich stundenlang die Flure und Treppen mit dem damals üblichen Bohnerklotz und es geht mir eigentlich ganz gut, wenn nur nicht die Werte wären, die nicht stimmen wollen. Die Heimtücke der Krankheit zeigt sich mir: Es geht mir recht gut, aber die Werte stimmen partout nicht. Welch Widerspruch zwischen äußerem Schein und objektiver Wirklichkeit, zwischen gefühltem Befinden und gemessenem Befund. Es werden wiederholt Tagesprofile der Blutzuckerwerte aufgestellt. Endlich nach sechs Wochen sind die Werte zufriedenstellend und ich werde mit der Einstellung, morgens 24 Einheiten und abends 16 Einheiten Depot-Insulin von Hoechst zu spritzen und 19 Broteinheiten verteilt auf den Tag in sechs Mahlzeiten zu essen, entlassen.

2. Eine Kindheit in der Nachkriegszeit

Ich wachse auf in einem Bäckerhaushalt. Daher muss ich schon als Zehnjähriger morgens vor der Schule beim Brötchen-Austragen helfen. Ich stehe um 6 Uhr auf, fahre wenig später mit meinem Fahrrad und einem riesigen Korb auf dem Gepäckträger los. Darin befinden sich 20 unterschiedlich gefüllte Brötchentüten, die ich bei verschiedenen Kunden vor die Tür lege oder werfe. Die Tüten sind mit Namen gekennzeichnet und bei jedem Wurf der Brötchentüte denke ich mir: „Frische Brötchen direkt vor die Tür." Dies ist der Service der 1950er Jahre – Kinderarbeit? Ach, was! Engagement und Einsatzvermögen werden so Grund gelegt. Und natürlich versteht es mein Vater, die Ausrichtung und Energie der Kinder an den eigenen Betrieb zu binden – eine zwar praktische, aber keineswegs kindgerechte Art zu denken, wie sie in vielen Familienbetrieben der Nachkriegszeit gang und gäbe ist. Der gefühlsmäßig absolut dominante Vater schafft es, große Anforderungen im Weltbild seiner fünf Kinder entstehen zu lassen, denen niemand gerecht werden kann. Mein ältester Bruder, auf dem die größten Hoffnungen ruhen, lernt Bäcker und soll später den väterlichen Betrieb übernehmen. Doch es kommt anders als geplant. Die Freundin, die mein Bruder nach Hause mitbringt, gefällt dem Vater nicht. Deshalb geht mein ältester Bruder von zu Hause weg und enttäuscht die Erwartungen seines Vaters.

Der nächste Bruder vollzieht den Bruch mit dem Vater noch früher. Nach dem Besuch der Volksschule wird er kaum noch zu Hause gesehen. Er wird Metzger in einer fremden Stadt.

Nun konzentrieren sich alle Erwartungen auf mich – den drittgeborenen Sohn. Und tatsächlich trete ich 1960 meine Lehrstelle zum Konditor erwartungsgemäß an. Zwar spricht der Vater nie etwas offen aus, doch scheine ich seiner Erwartung nicht entkommen zu können. Wie kann ich diesen Anforderungen nur entrinnen? Da kommt mir das Schicksal zu Hilfe: Im Jahr 1961 erhalte ich eine Diagnose, die eine völlige Änderung der Lebensplanung d.h. in meinem Falle die sofortige Beendigung meiner Ausbildung, erforderlich macht: juveniler Diabetes, Typ 1.Natürlich scheint die schicksalhafte Deutung einer so schweren Erkrankung an den Haaren herbeigezogen und objektiv kann ich wenig dafür anführen. Objektiv lautet die Diagnose lediglich: juveniler Diabetes oder Diabetes Typ 1.

Wir wohnen in einem dreistöckigen Gebäude 70 x 25 m, das einer Brauerei gehört und an der Hauptstraße der Kleinstadt Sulingen steht. In ihm sind zwei Geschäftsbetriebe und zwei Wohnungen untergebracht – eine Bäckerei mit Laden-, Vorrats- und Arbeitsräumen im Erdgeschoß und Keller und einer Wohnung im ersten Stock des linken Gebäudeteils, sowie ein Hotel mit Gasträumen, Tanzsaal, Kegelbahn, Küchen- und Arbeitsräumen, 6 – 8 Hotelzimmern und einer Wohnung für die Familie des Hoteliers im rechten Hausteil. Zwischen beiden Geschäftsbereichen (Hotel und Bäckerei) gibt es eine Geheimtür, durch die man im Inneren des Bauwerkes in den Hotelbereich gelangen kann oder umgekehrt. Auf diese Weise bin ich häufig in den Räumen des Hotels.

Zum einen spielen wir Kinder häufig mit den Kindern der Hotelbesitzer, zum anderen liegen dort verschiedene Zeitungen und Zeitschriften wie:

Weser-Kurier, FAZ, Die Welt, Der Spiegel, Stern für die Hotelgäste aus. Zuhause verfügen wir nur über die Heimatzeitung. So ziehe ich schon als Zwölfjähriger aus diesem Lese- und Informationsangebot einen Nutzen. Mein Vater ist immer gegen langes Lesen, wir sollten helfen und ihm zur Hand gehen. Häufig ist mir diese (Geheim) Gelegenheit hilfreich zu ausgiebigen Lesestunden in einem Nebenraum der Hotelgaststätte. FAZ, die Welt, Der Spiegel sind schon früh meine Lektüren.

3. Gib dich nie auf!!! - Grundfertigkeiten im Umgang mit Diabetes

Ich bin nun wieder zu Hause, nicht mehr in der Konditorlehre, nicht mehr im Krankenhaus. (Juni 1961) Meine Mutter muss genauso wie ich selbst die Nahrungsumstellung auf die Diabetesdiät lernen. Die Einheiten und die Austauschwerte wollen verstanden und angewandt werden. Ich kann jetzt nicht mehr einfach essen, wie es jeder tut, sondern alles, was ich essen will, muss ich zuvor durch das Raster der Austauschwerte schleusen. Eine Kartoffel, ein Apfel, eine Birne, eine Scheibe Brot sind nun nicht mehr nur Nahrungs- und Genussmittel, sie stellen für mich jetzt einen bestimmten Kalorienwert bzw. Broteinheitenwert dar, den ich in meinen Tagesplan einordnen muss.

Seit dieser Zeit ist mein Leben ein Leben nach der Uhr, ein Leben nach Plan. Es ist ein sehr bewusstes Essen und Trinken und Einteilen des Tagesablaufes. Diese hohen Ansprüche beeinflussen mich sofort sehr stark. Ich muss ja nicht nur meine Ernährungsweise vollständig verändern, sondern auch sehr bald wissen: Was will ich? Was ist mein Ziel? Meinen bisherigen Beruf als Konditor sollte ich aufgeben. Was tun? Weiter auf eine Schule gehen, um die mittlere Reife zu erreichen? Jetzt darf ich eine weiterführende Schule besuchen, was mir vorher mein Vater untersagt hatte: „Das Handwerk hat ja goldenen Boden und ein Handwerker braucht nur Volksschule. " Also gehe ich zunächst einmal die Woche in die Berufsschule (wegen der Schulpflicht) und zu Beginn des neuen Schuljahres (April 1962) in die zweijährige Handelsschule. Obwohl der Schulbesuch mir teilweise eine neue Orientierung ermöglicht, weiß ich durch die Krankheit sehr bald, was ich für mich ganz persönlich nicht will: „Ich will mich nicht aufgeben, will nicht kapitulieren und ich will die Prophezeiungen von geringer Lebenserwartung für Zuckerkranke Lügen strafen. "

Erst später merke ich, dass mein starker, fast unbeugsamer Wille mich immer in allem, was ich tue, sehr bestimmt hat. Ja, so eine Trotzhaltung hat mich davor bewahrt aufzugeben. Natürlich wird meine Handlungsweise auch beeinflusst durch die Angst vor dem Damoklesschwert der Spätschäden, die jedem aufmerksam lebenden Diabetiker in die Glieder fährt, wenn er von Folgeerkrankungen betroffene Menschen im Krankenhaus oder in Arztpraxen erlebt.

Wie das verhindern? Mein bewusster Entschluss steht fest. Als Ziel setze ich mir, immer gute Werte zu erreichen. Das heißt: diszipliniertes Verhalten, Essen und Trinken nach Vorschrift, streng geregelter Tagesablauf - kurz: ein Leben nach Plan. Dies wird damit zur grundlegenden Maxime für mich. Zeitlebens auf die Insulinspritzen angewiesen zu sein bedeutet: Ein Leben nach strengem Zeitraster. Morgens um 6.30 Uhr spritzen und abends ebenfalls um 19.00 Uhr. Dazwischen sind die Essenszeiten genau einzuhalten, weil sonst die Gefahr einer Unterzuckerung besteht. Jeder Tag hat den gleichen Zeitrhythmus. Festgelegt durch Spritzzeiten und Essensplan. Natürlich hat sich dies auch bei mir seit Ende der 1980er Jahre wesentlich geändert, denn seitdem praktiziere ich die sogenannte intensivierte Insulintherapie, die mit Hilfe der Basalrate für das Verzögerungsinsulin und der Bolusgaben für das kurzwirksame Insulin eine flexiblere Einteilung der Spritzvorgänge ermöglicht. Die Basalraten des langwirkenden Insulins, die morgens und abends gespritzt werden, decken die Insulinmenge ab, die der Körper im Nüchternzustand also ohne Mahlzeiten benötigt. Die Bolusgaben des schnellwirkenden Insulins werden benutzt, um dem Insulinbedarf gerecht zu werden, der durch die Mahlzeiten entsteht.

Die Spritze aufziehen, d.h. mit der ersten Kanüle Insulin aus der Ampulle holen. Jetzt die Kanüle wechseln und mit einer 18er oder 20er Metallkanüle in den mit der linken Hand geformten Wulst am Oberschenkel ohne Zögern und Zucken zustechen. Zuvor ist das Hautareal mit Alkoholtupfer gereinigt. Nach dem Einstich zunächst durch kurzes Anheben des Stempels prüfen, ob eine Ader getroffen ist, und dann langsam das Insulin injizieren. Jetzt die Spritze herausziehen und abtupfen. Natürlich kostet das zweimalige Spritzen jeden Tag neu Überwindung. Am ersten Tag im Krankenhaus spritzt mich noch eine Schwester. Blitzschnell ist die Kanüle in das Muskelgewebe des Oberschenkels oder Oberarms hineingestochen. Zu Hause, als der Alltag des täglichen Spritzens beginnt, muss mir wie in allen Lebensabläufen die Systematik Komplikationen vermeiden helfen. Um Hautverhärtungen zu verhindern, muss ich die Spritzstellen variieren. Oberschenkel rechts und links, Oberbauch rechts und links, Oberarm rechts und links kommen nach einem bestimmten Schema dran. Übereinander und nebeneinander nach einem bestimmten Reihenmuster sind die Einstichstellen zu verändern. Grob überschlagen stelle ich fest, dass ich mich in über 56 Jahren fast 70.000 Mal gespritzt habe, zuerst zweimal, später dreimal oder auch viermal pro Tag.

Das Spritzen... - seit ein Zugschaffner mich gefragt hat, ob ich ein Fixer sei, ziehe ich mich immer aus der Öffentlichkeit ins WC zurück, um neugierige Blicke zu vermeiden. Mittlerweile brauche ich das nicht mehr und kann mich, selbst im Restaurant, vor aller Augen spritzen.

Ja und das Desinfizieren der Spritzen und Kanülen jeden Tag. Im Jahre 1961 müssen die Spritzen und Kanülen aus Metall noch täglich ausgekocht und in besonderen Behältern aufbewahrt werden. Obendrein gibt es bestimmte Stehbehälter, die mit

Alkohol gefüllt sind. Diese benutze ich nur für unterwegs. Allgemeine Verhaltensregel in dieser Zeit ist, vor dem Spritzen das Hautareal immer durch einen Alkoholtupfer zu säubern. Seit Ende der 1970er Jahre unterlasse ich dies, weil eine derartige Desinfizierungspraxis zur Verhärtung der Hautareale beiträgt. Zumal ich seitdem auch sterile Einwegspritzen verwende, die den Spritzvorgang sehr vereinfacht haben.

Die immer wieder notwendige Blutzuckerkontrolle. Die mehrmalige Selbstverletzung täglich!!! Ausrufezeichen. Innere Empörung, Abwehr. Sie ist aber nötig für genaue Werte, die die Grundlage der Selbsteinschätzung bilden. Früher war sie unerlässlich für die Erstellung genauer Tagesprofile, heute, in der intensivierten Insulintherapie, ist sie Ausgangspunkt für angepasste Verhaltensweisen und dementsprechende Insulindosen. Zwei Tupfer, einen mit Alkohol getränkten und einen trockenen Tupfer. Der Alkoholtupfer dient wegen der zusammenziehenden (adstringierenden) Wirkung dem besseren Blutfluss. Derselbe Hautbereich wird mit dem trockenen Tupfer abgewischt, damit der zu erzielende Tropfen Blut auch wirklich einen Tropfen bildet, nicht zerfließt und das Messergebnis nicht durch den Alkohol verfälscht wird. Jetzt ein Stich mit der Lanzette (heute natürlich mit dem Softclix Pro) und ein kurzer Druck. All dies geschieht vor einem großen Spiegel, weil ich meine Blutstropfen immer aus dem Ohrläppchen gewinne, niemals aus der Fingerkuppe. Die Stecherei an den Fingerkuppen ist eine einzige Quälerei. Und ich bin ja kein Masochist. Das beginnt schon 1961. Stets bestehe ich darauf, mir aus dem Ohrläppchen den nötigen Tropfen Blut abnehmen zu lassen. Die Laborantinnen wollen zum Blutabnehmen der Einfachheit halber meist die Fingerkuppe nehmen. Manche benutzen gar als Verstärkung ihres Anliegens und zur Machtausübung die falsche Behauptung, dass am Ohr die Werte verfälscht seien. Und das bei Kapilarblut! Doch weil ich mich nicht jedesMal dem aussetzen will, weigere ich mich von Anfang an, häufig mit Erfolg. Schnell stelle ich fest, dass manche Laborantinnen auch bereit sind, das Blut aus dem Ohr zu gewinnen. Als ich aus dem Krankenhaus entlassen werde und zum Hausarzt zur Kontrolle muss, versuche ich sofort dies durchzusetzen. Fortan gilt für mich: Blutabnahme zur

Blutzuckerkontrolle ausschließlich am Ohr. Dies habe ich bis heute beibehalten.

4. Warum ausgerechnet ich?

Natürlich kommen mir in den ersten Jahren immer wieder Fragen wie: Warum trifft es gerade mich? Welchen Sinn hat das? Aber wie soll ich darauf eine Antwort finden? Meine praktische Antwort ist immer die, dass ich die jeweilige Situation anzunehmen versuche, mich darauf einstelle und mit selbstverständlicher Genauigkeit und Disziplin einen für mich gangbaren Weg beschreite. Es bringt ja nichts, mit dem Schicksal zu hadern. Ich mache die Erfahrung: Die Krankheit anzunehmen ändert alles. Für mich heißt das eben auch die völlig geänderte Lebenssituation zu akzeptieren und mir klar zu werden über meine veränderten Möglichkeiten, über meine eigenen Wünsche und Bedürfnisse und meine Fähigkeiten in der neuen Situation. Dies bedeutet nichts anderes als einen neuen Weg für mich zu finden. Diese Erkenntnis hat alles verändert und es geht mir besser. An diesem Punkt erschließt sich mir: Nicht der Kampf gegen die Krankheit, sondern die Annahme der Situation und ihrer anderen Möglichkeiten verändert mein Lebensgefühl.

5. Kraft für Neues

Frühjahr 1964. Meine Lehre als Steuergehilfe beginnt. Jeden Morgen um 7.30 Uhr ins Büro gehen, mittags eineinhalb Stunden Pause und dann nachmittags bis 17.30 Uhr Arbeit im Büro oder bei Mandanten erledigen. Für den Weg ins Büro nehme ich meist das Fahrrad oder ich mache vor der Bürozeit morgens einen ausgiebigen Spaziergang durch eine weitläufige Parkanlage meines Heimatortes und gehe auch so zurück, um genügend körperliche Bewegung zu haben. Jetzt muss ich mich einarbeiten in Berechnungsvorgänge, ins Erstellen von Zahlenkolonnen und diese unter bestimmten Fragestellungen zu deuten wissen. Ich lerne Ertragsrechnungen von Betrieben entweder als Einnahme- Überschussrechnungen oder als Gewinn- und Verlust-Rechnungen und Bilanzen zu entwerfen. Daneben gehört es zu meinen Aufgaben, Lohnabrechnungen anzufertigen und jede Art von Steuererklärungen (Einkommen-, Umsatz-, Gewerbesteuer) zu erstellen. Auf diese Weise eigne ich mir grundlegende und solide Kenntnisse aller Steuerarten und ihrer Besonderheiten an. In ihrer Gesamtheit erscheinen all diese Arbeitsschritte ziemlich diffizil und Abneigung auslösend, weshalb auch viele Menschen diese Beschäftigung nicht mögen und sie beim Steuerberater abladen, der sich mit Umsicht und Sachverstand durch ihre Papiere arbeiten muss und daraus sinnvolle Zahlenwerke konzipiert. Für die Vereinbarkeit mit meinem Diabetes sind dies eigentlich ideale, geordnete und planbare Bedingungen.

6. Notwendiges Übel: Krankenhausaufenthalte

Zu Beginn des Jahres 1965 muss ich erneut zu einem längeren Krankenhausaufenthalt in eine Klinik, weil meine Blutzuckerwerte häufig zu hoch sind. Mein Hausarzt schickt mich in die Innere Abteilung des Zentralkrankenhauses in der St.-Jürgen-Straße in Bremen. Es wird wieder eine recht langwierige Prozedur, denn die Werte wollen einfach nicht stimmen. Weil ich ja nicht bettlägerig bin, kann ich mich jederzeit ohne Einschränkung auf dem Klinikgelände und ebenso außerhalb in der Stadt frei bewegen. Auf diese Weise lerne ich die Stadt Bremen auf jeweils zwei bis drei Stunden langen, ausgiebigen Wanderungen genau kennen. Ich sollte mich ja viel bewegen und nicht ständig herumsitzen oder –liegen. Außerdem kann ich so der drögen Atmosphäre des Acht-Bett-Zimmers im Krankenhaus zeitweilig entkommen. Nach ca. fünf Wochen sind meine Blutzuckerwerte zufriedenstellend, und ich kann wieder arbeiten gehen.

Zitat aus dem damaligen Arztbericht: "Die Einstellung des Diabetes erwies sich, wie nicht anders zu erwarten, als außerordentlich schwierig. Bei einer Insulin-Dosierung von 20 Depot am Morgen und 16 Depot am Abend zeigte das Tagesprofil wiederholt einen abendlichen Anstieg, sodass wir uns dazu entschlossen, zusätzlich abends 8 E Alt-Insulin einzusetzen. Später erhöhten wir dann die abendliche Depotdosis noch einmal um 4 E. Bei dieser Insulindosierung – 20 E Depotinsulin morgens, 24 E Depot-Insulin und 8 E Alt-Insulin abends – lag die tägliche Zuckerausscheidung in der Regel zwischen 10 und 20 g, nur 2x stieg sie auf 40 g pro die (Tag). Von einer Kohlenhydratmenge von 19 BE wichen wir nie ab. Diese Schwankungen wird man jedoch in Kauf nehmen müssen. "

Im Frühjahr 1966 soll ich zur Kur und suche mir dazu die Diabetes-Klinik, Bad Oeynhausen aus. Noch Jahre später erinnere ich mich an diesen Aufenthalt. Natürlich wird die Einstellung überprüft und verbessert. Was mir aber im Gedächtnis bleibt, ist die intensive Schulung während der vierwöchigen Kur. Jeden Vormittag finden Vorlesungen in einem großen Hörsaal statt, die sich mit unterschiedlichen Aspekten des Diabetes befassen. Jeden Nachmittag treffen sich Kleingruppen, die von einer Diätassistentin darin unterwiesen werden, wie die optimale Ernährung bei Diabetes sein sollte. Seit dieser Zeit richte ich es so ein, dass ich bis zu zwei Zwischenmahlzeiten von ein oder zwei BE zwischen die Hauptmahlzeiten (morgens, mittags und abends) platziere, weil dies zu einer besseren Verlaufskurve der Zuckerwerte beiträgt. Die Tagesprofile weisen so einfach bessere Werte auf.

In Absprache mit meinem damaligen Hausarzt soll ich zur Überprüfung und eventuellen Abänderung meiner Einstellung ins Krankenhaus. Ich wähle dazu den Jahresbeginn 1970 und will bis zum Ende der Schulferien, Mitte Januar, die Klinik wieder verlassen. Ich entscheide mich für die Medizinische Universitätsklinik Würzburg, Innere Abteilung. Das Ergebnis dieser Neueinstellung ist ein Wechsel von Depot-Insulin Höchst auf Depot-Insulin Horm.

Nach 14 Tagen Klinikaufenthalt will ich unbedingt am Dienstag entlassen werden. Das Wochenende steht bevor. Ich bringe in Erfahrung, dass keine Tagesprofile vom Oberarzt veranlasst worden sind. Deshalb gehe ich eigenständig Samstag und Sonntag zum Hauptlabor und lasse mir mehrmals Blut abnehmen, gebe vor, es seien Tagesprofile für mich veranlasst worden, wobei ich den Oberarzt und die Station angebe. Auf diese Weise sind am Montag die Werte, die in Ordnung sind, auf der Station, und ich kann die Klinik pünktlich zum Ferienende verlassen. Manchmal muss ich als Betroffener die Sache selbst in die Hand nehmen, sonst macht eine Klinikbürokratie mit einem, was sie für richtig hält, ohne die Wünsche des Patienten zu berücksichtigen. Ein weiteres Erlebnis aus diesen Kliniktagen ist wichtig für die Einordnung späterer Hypoglykämie-Erfahrungen. Während der Neueinstellung werden fast täglich Tagesprofile erstellt. Natürlich kann ich mich, da ich nicht bettlägerig bin, frei im Klinikbereich und auch außerhalb bewegen. Im Krankenzimmer musste ich nur zu den Essenszeiten, zum Spritzen und den Visiten anwesend sein. Ich bin nach einer Blutabnahme im Hauptlabor über das Klinikgelände geschlendert und komme etwas später als üblich auf die Station.

Unterdessen werde ich händeringend vom Pflege-personal gesucht, weil im Hauptlabor ein sehr niedriger Blutzuckerwert von 20 ml/dl festgestellt worden ist und man mich schon in eine Unterzu-ckerung gefallen wähnt. Ich dagegen merke trotz des extrem niedrigen Wertes keinerlei Unterzucke-rungs-Symptome. Die Schwelle der Wahrnehmbar-keit einer Hypoglykämie ist bei mir eben extrem niedrig.

7. Es geht voran auf dem zweiten Bildungsweg

Ich will etwas anderes anfangen (Herbst 1967). Nach der Lehre und der Arbeit als Steuergehilfe will ich noch das Abitur erlangen mit dem Ziel, danach zu studieren. Verschiedene Möglichkeiten habe ich hin- und herüberlegt. Aber Voraussetzung ist immer: endgültiger Abschied von zu Hause. Neben dem gefühlsmäßigen Einschnitt kommen noch die Bedenken mit dem Diabetes hinzu. Mein damaliger Hausarzt rät mir davon ab, die geregelte Umgebung des Zuhauses zu verlassen. Meine Mutter kocht ja seit sechs Jahren diätgerecht für mich. Das Essen zu organisieren würde große Schwierigkeiten bereiten und für das Umgehen mit dem Diabetes sei ein gänzlich neues Umfeld sehr abträglich. Meine Eltern sehen es auch so. Trotz dieser Bedenken entschließe ich mich, im Herbst 1967 nach Bamberg zu gehen.

Nachdem der Umzug bewältigt ist, lebe ich in einem Schülerwohnheim mit Essen in einer Gemeinschaftsküche. Ich kläre mit den Verantwortlichen in der Küche die Besonderheiten meiner Diät. Die Berücksichtigung meiner Essensvorschriften klappt gut und in Hinsicht auf meinen Diabetes mit all seinen Regeln gelingt mir dies ebenso wie zu Hause. Die Tagesprofile der Blutzuckerwerte sind gut bis sehr gut.

Es beginnt für mich ein weiteres Umgewöhnen. Vorher bin ich ja schon dreieinhalb Jahre berufstätig gewesen. Jetzt heißt es wieder täglich zur Schule zu gehen und ein randvolles Lernprogramm zu absolvieren. Ich habe mir das katholisch geprägte Gymnasium für „Spätberufene " auch deshalb ausgesucht, um anschließend Theologie studieren zu können und in einen Orden einzutreten. Also gehört das intensive Erlernen alter Sprachen zum Tagesprogramm. Latein und Griechisch und daneben zählen alle anderen Fächer wie Englisch, Physik, Chemie, und Mathematik dazu. Vom ersten Tag an nehme ich dies gerne als Aufgabe an, weil ich ein klares Ziel habe: Theologiestudium.

Hier zeigt sich mir wieder eine Parallele zu meinem vermeintlichen Schicksalsschlag sechseinhalb Jahre zuvor. Ein klares Ziel! Hier ist es das Studium und zuvor war es das von mir selbst gesetzte Ziel: möglichst lange beschwerdefrei mit meinem ständigen Begleiter Diabetes zu leben. Die konkrete Zielsetzung erleichtert mir das Vorgehen und Vorwärtskommen.

8. Die Rettung oder: Lauf Anton lauf!

Mit meinem Umzug nach Bamberg ändert sich auch vieles in meinen täglichen Bewegungsabläufen. Früher bin ich täglich Fahrrad gefahren, um ins Büro zu gelangen. Jetzt gewöhne ich mir an, täglich zu laufen, meist nachmittags oder am frühen Abend. Wir haben dort eine Turnhalle und einen Sportplatz zur Verfügung, wo ich täglich mindestens eine halbe Stunde meine Runden drehe. Ich fühle mich wohler und meine Blutzuckerwerte werden grundsätzlich stabiler. Genauso führe ich es weiter, als ich in Würzburg studiere. Ich laufe entweder morgens gegen 6.30 Uhr oder abends gegen 18.30 Uhr abhängig vom Belegungsplan der Vorlesungen und Seminare. Auch später, während meiner Berufstätigkeit, ist das tägliche Laufen – ca. eine Stunde allabendlich und das bei jedem Wetter ob Regen oder Schnee im Sommer und Winter - die Grundlage für meine stabilen Blutzuckerwerte. Ich stelle dies fest, als ich 1995 wegen einer Fußverletzung wochenlang nicht laufen kann. Denn da sind meine Blutzuckerwerte nicht so stabil wie ich es vorher gewohnt war und wie es sich später wieder zeigt. Ähnlich verhält es sich mit meinem allgemeinen Wohlbefinden. Wenn ich einmal nicht laufe, fühle ich mich steif und unwohl. Auch auf meine Psyche hat das Laufen große Auswirkungen. Wenn ich nach dem langen Arbeitstag um 18.00 Uhr laufe, vertreibt dieses konkrete Tun alle düsteren Gedanken und Stimmungen und durchlüftet, bewegt und befreit. Danach fühle ich mich frei und unbeschwert. Was mich belastet, fällt von mir ab. Obwohl das Laufen immer anstrengend ist und zu Beginn Überwindung erfordert, hat es paradoxerweise positive Auswirkungen: es befreit und bewirkt Lockerheit. Ebenso halte ich es, wenn tagsüber mein Zucker unerklärlich hoch ist: ich lege, sofern ich es kann, einen Lauf ein. Nach einer halben bis dreiviertel Stunde ist der Blutzuckerwert von 250 auf 100 mg/dl gesunken. Die Werte normalisieren sich also durch körperliche Anstrengung ungemein. Immer wieder mache ich diese Erfahrung. Kurzzeitig versuche ich es in den neunziger Jahren auch mit dem Radfahren. Aber dieses bedarf, um die gleichen Effekte zu erzielen, der doppelten Zeit und zum anderen fehlt meinen Füßen der direkte

Kontakt mit dem Boden, den ich beim Laufen mit jedem Schritt erspüre.

In den Sommerferien 1969 wage ich eine große Neuerung für mich: ich finde Freude und Gefallen am Bergsteigen. Mit mehreren Kameraden fahre ich nach Südtirol. Wir unternehmen Bergtouren in den Sarntaler Alpen und in der Sella-Gruppe, unter anderem auf den Piz Boe bis auf eine Höhe von 3100 m, geführt von einheimischen Bergführern. Dies heißt: Aufstehen um 4 Uhr morgens, Abmarsch spätestens um 5 Uhr, damit wir beim Aufstieg nicht in die Mittagshitze geraten. Mir bereitet diese Anstrengung keinerlei Schwierigkeiten. Meinen Diabetes-Alltag organisiere ich insoweit um, als ich die benötigte Menge Depot-Insulin wegen der enormen Anstrengung um die Hälfte reduziere und während der Wanderung darauf achte, möglichst kleinschrittig alle eineinhalb Stunden zwei BE zu mir zu nehmen. In der Regel sind wir am frühen Nachmittag wieder zurück.

Auch später in den siebziger und neunziger Jahren und auch nach der Jahrtausendwende unternehme ich noch manche Bergtour mit Freunden und mit den eigenen Kindern. Die Ziele liegen im

Karwendelgebirge, Esterergebirge, in den Dolomiten, im Engadin, im Sellrain Tal und im Kiental. Der höchste erreichte Gipfel war bis jetzt der Piz Chapütschin (3386m) im Engadin. Grundvoraussetzung für mich ist immer, dass ich alles, was ich brauche an Proviant, Flüssigkeit, Spritzen, Medizin, Diabetes-Prüfutensilien im meinem Rucksack mitnehme – ich also weitgehend autark bin – und wir nicht in Berghütten übernachten, weil mir das Übernachten in großen Gemeinschaftsräumen zuwider ist. Dies macht natürlich die Wege oft länger als bei Wanderungen von Hütte zu Hütte. Aber wir müssen das eben einkalkulieren. Von meinem Diabetes her habe ich nie Schwierigkeiten. Die Reduzierung der nötigen Insulinmenge und kurze Zwischenmahlzeiten lassen mich das Hypoglykämierisiko reduzieren.

Mit einem Freund verbringe ich noch einige Tage Urlaub in Italien (Bozen, Trient, Venedig, Udine) und Österreich (Graz und Wien) im Herbst 1969, wobei wir per Anhalter von einer Stadt zur anderen unterwegs sind und in Jugendherbergen übernachten. Auch während des Trampens halte ich meine geregelten Spritz- und Essenszeiten strikt ein. Nur einmal gibt es etwas Probleme, weil uns in Udine partout niemand mitnehmen will, obwohl wir den ganzen Tag am Straßenrand stehen, wo ich mir mangels anderer Gelegenheit inmitten von Schmutz und Lärm die Insulin-Spritze geben muss. Eigentlich soll das Insulin kühl gelagert werden. Ich komme auf folgende Idee: In einer Thermoskanne mit kaltem Wasser hänge ich die Insulinampulle - eine mehrere Dosen enthaltende Durchstechflasche mit einem Gummiverschluss - an einem Zwirnsfaden auf. So kann ich die Ampulle bei Bedarf herausnehmen, spritzen und anschließend wieder ins kühle Wasser zurückhängen. Trotz hoher Außentemperaturen ist das Insulin so immer relativ gut gekühlt. Ich praktiziere dies auch später immer bei Urlaubsaufenthalten im Süden (Italien, Südfrankreich, Spanien).

Ich lebe noch in Bamberg (1972) und nehme an einem Meditationskurs der Benediktiner-Abtei Münsterschwarzach teil. Es ist ein mehrtägiger Kurs zur Einführung in die Zen-Meditation. Geleitet werden die Tage von einem führenden Vertreter dieser Meditationsrichtung, Karlfried Graf Dürckheim. Er vermittelt grundlegende, ganz einfache aber wichtige Einzelheiten: Das richtige Atmen, das richtige Sitzen und die richtige Haltung beim sitzenden Meditieren. Der Kurs ist geteilt in praktische Meditationsübungen und tägliche Vorträge oder Fragestunden mit Graf Dürckheim. Ich habe diese Tage in guter Erinnerung und meine eigenen Erfahrungen mit dem Meditieren sind wieder ein Beispiel dafür, dass ich zu allem länger brauche. Wirkliche mich umstürzende Meditationserfahrungen mache ich erst zehn Jahre später. Aber ich übe es täglich seitdem. Ich habe noch Sätze von damals im Kopf: die Meditation nicht nur als Übung, um fit zu sein, sondern als die Erfahrung der Geborgenheit im Einssein mit dem göttlichen Wesen; dort hinein zu kommen ist der Weg, die Wahrheit und das Leben. Dies ist immer Ansporn für mich auch nach dem Kurs zuhause weiterhin die Meditationsübungen in meinen Alltag zu integrieren. Der Kurs ist zum Teil auch recht mühsam und anstrengend für mich. Was mich jedoch am meisten stört, sind die Teilnehmer, die ständig das Gras wachsen hören. Ich höre es nicht und brauche lange, bis ich mich während der Psychotherapie (ab 1984) als zweige-teilten und doch geborgenen Menschen erfahre, und ich kann aufgrund meiner Meditationsübun-gen und -erfahrungen der Autorität des Psycho-therapeuten widersprechen und mich anders als erwünscht verhalten. Erwünscht ist eine Verbalisie-rung der eigenen Befindlichkeit. Ich kann das aber nicht sofort und setze mich während mancher The-rapiestunde zunächst schweigend und meditie-rend dem Therapeuten gegenüber und durchlebe so für mich umstürzende Erfahrungen. Zum einen ist dies wiederum ein Beispiel für meinen langen Atem, zum anderen erweist sich die Therapie als wechselseitiger Prozess, denn auch der Therapeut gewinnt neue Erkenntnisse, dadurch dass er mein non-konformes Verhalten zu akzeptieren lernt.

9. Neue Horizonte

Mai 1973 - Das lang erstrebte Abitur habe ich bestanden.

Als Klassensprecher der Oberprima obliegt mir anlässlich der Überreichung der Reifezeugnisse die Pflicht, die Abiturrede halten zu dürfen. Diese Rede, mit der ich bei der Obrigkeit durchaus angeeckt bin, sei hier vollständig wiedergegeben, da sie vieles von dem, was mein Wesen ausmacht, beinhaltet.

Sehr geehrter Herr Oberstudiendirektor Dr. Fiedler, sehr geehrtes Lehrerkollegium, verehrte Mitschüler!

Jetzt heißt es wieder Ansprachen über sich ergehen lassen – fast möchte ich sagen: sie erleiden. Die Optimisten sagen, dass heute Grund zum Feiern sei – die Pessimisten behaupten das Gegenteil. Wieder andere sagen: Was soll´s? Ich will diesen Streit nicht noch ausweiten. Etwas Bemerkenswertes aber ist, dass diese Art von Feiern jedes Jahr von Neuem fragwürdig ist – das muss kein Negativum sein, sondern, wenn man das Wort zerlegt, zeigt es sich eher als Positivum: etwas ist der Frage würdig. – Schule hat mit Erziehen zu tun, aber wer lässt sich schon gerne erziehen, ziehen? Wer erträgt die Erzieher, sprich Lehrer schon gern? Wenn überhaupt Lehrer gut zu ertragen waren oder besonders zu loben sind, sind es die, die ihr Fach nicht zu wichtig nahmen und nehmen, die ihr Fach nicht für das Non-plus-ultra halten. Auch wir durften von dieser seltenen Sorte Mensch einige als Lehrer erfahren. Ich will keine Namen nennen – jeder mag selbst urteilen.

Mit Lobes- und Dankeshymnen, mit einem Brocken Pauschaldank an alle möglichen Dankadressen, an den Direktor, an sonstige Autoritäten und last not least an die Putzfrau, nach dem Motto: „hier hast du deinen Dank und jetzt sei zufrieden!" ist niemandem gedient. So etwas lässt nur ein ungutes Gefühl in uns zurück und führt lediglich zu solchen Aussprüchen unter meinen Klassenkameraden wie: „Danken, was soll der Quatsch?" Und diese Reaktion ist eigentlich gesund, denn: Wahrhaftigkeit ist der Wahrheit vorzuziehen. Wenn wir schon das Wort Dank in den Mund nehmen, so besteht - glaube ich - etwas Wesentlicheres darin, sich vor Augen zu führen, dass wir in dem Bewusstsein auseinandergehen können, ein paar Jahre zusammen gelebt zu haben - wenn auch als Zweckgemeinschaft. Leben heißt ja nicht nur vegetieren, sondern sich auseinanderzusetzen. Und daraus folgt, dass wir vielleicht - ich sage vielleicht - aneinander gewachsen sind in Schwierigkeiten, in Auseinandersetzungen, in gemeinsamen Erlebnissen. Und wir sollten uns daran erinnern, dass wir nicht nur etwas erhalten haben – das Wissen in den Fächern, gute oder schlechte Erfahrungen im Miteinander-Auskommen - sondern, dass wir auf Grund der Summe all dieser Erfahrungen zu etwas geworden sind. Zu diesem Menschen, der jeder von uns ist. Wir haben uns gegenseitig beeinflusst und geprägt - Lehrer und Schüler, und was könnte ein besserer Dank sein, auch gegenüber den Lehrern, als dass jeder sich annimmt. Ein Gefühl des Dankes, des Einverständnisses schwingt da immer mit - sich annimmt als der Mensch, der er ist, und sich zutraut, als der, der er ist, weiter zu gehen. Denn: UNZUFRIEDENHEIT mit sich ist der Beginn jedes Unfriedens. Selbstannahme ist keine satte Selbstzufriedenheit und würde auch der allgemeinen Griesgrämigkeit unserer Zeit entgegenwirken.

Weitergehen, WOHIN? Wenn ich´s pathetisch ausdrücke: „hinaus ins feindliche Leben ". Feindlich in dem Sinne, dass wir uns ja immer weiter von dem entfernen, was nach Bloch allen in die Kindheit scheint: Heimat, Sinn, Glück - alles Synonyma für einen „Grenzwert " von Geborgenheit, den wir - sofern wir das Glück hatten, in einer heilen Familie aufzuwachsen - einmal erfuhren. Das Leben in der Familie, das dem Leben in der Schule vorangeht, ist ein persönliches Verhältnis, ein Verhältnis der Liebe, des natürlichen Glaubens und Zutrauens. Es ist nicht das Band einer Sache, sondern das natürliche Band des Blutes. Das Kind gilt hier darum, weil es das Kind ist. Es erfährt ohne Verdienst, ohne Leistung die Liebe der Eltern. Später dagegen gilt der Mensch nur durch das, was er leistet. Das Übergewicht des einfachen Angenommenseins, des Empfanges von Sinn ändert sich zugunsten eines Übergewichtes der Leistung, von der die Anerkennung, die Zugehörigkeit und die Bedeutung für die

Gemeinschaft abhängt. Deshalb „feindliches Leben ". Daher auch das negative Image der Leistungsgesellschaft.

Das besondere Klima an unserer Schule, das vielgepriesene und oft zitierte müsste doch - so meine ich - von der eben aufgezeigten Richtung geprägt sein: Dass der Mensch als Mensch etwas gilt und nicht so sehr der Schüler als Zensurenproduzent. Natürlich wäre es blind zu behaupten, es mangle völlig an Versuchen in diese Richtung.

Weiter dürfen wir auch dankbar sein, weil viele von uns trotz fortgeschrittenen Alters und manchmal einer Biografie in Zick-Zack-Kurven noch die Möglichkeit hatten, das Abitur zu erlangen.

Ich glaube in dem so skizzierten Sinn dürfen wir alle einander dankbar sein und können versuchen das bedrängend Neue und Unbekannte des Studiums und Berufs in den Griff zu bekommen. "

Mein Studienwunsch ist relativ klar. Ich will Theologie und Germanistik studieren. Aber will ich tatsächlich in einen Orden eintreten? Ich kann mich nicht entschließen und schiebe die Entscheidung hinaus. Doch ich beziehe zunächst ein Zimmer im Würzburger Priesterseminar und nehme Verbindung zu drei verschiedenen Orden auf: Zu Karmeliten in Bamberg, zu Jesuiten in Nürnberg und zu Benediktinern in Gerleve bei Münster. Dies sind unter anderem die geforderten Haltungen: Demut, Unterordnungsfähigkeit, Gehorsam und unterwürfige Gottergebenheit. Sich selbst immer und jederzeit aufgeben können. Was mich stört ist das geforderte Devotsein. Irgendwie habe ich eine Abneigung dagegen. Ich verbinde mit dem Unterwürfigsein ein ohnmächtiges Gefühl der Kleinheit, eine kritiklose Unterordnung, und das ist mir zuwider.

Ich beginne also erst einmal das Studium in Würzburg und zwar das der Theologie und Germanistik. Das Äußere meinen Diabetes betreffend kann ich ähnlich organisieren wie in Bamberg, da ich mittags immer in der Mensa esse – es ist schon damals eine gewisse Auswahl gegeben. Morgens und abends esse ich in meinem gemieteten Zimmer. Durch Verbindungen eines Freundes, Johannes Karl, der auch Theologie studiert und der im selben Jahr 1973 in Bamberg am Abendgymnasium das Abitur machte, bin ich Patient von Professor Dr. Lucius Maiwald geworden, der an der Medizinischen Universitätsklinik als Privatdozent wirkt. Ich bin bei ihm gut aufgehoben. Ich lasse jeden Monat Tagesprofile im Labor erstellen, bespreche alles Nötige meinen Diabetes betreffend mit ihm. Er lobt stets meinen souveränen Umgang mit dem Diabetes und ist sehr zufrieden mit mir. Ich füge hier ein längeres Zitat aus einem späteren (1990) ärztlichen Gutachten Professor Maiwalds über mich ein: "Der Patient steht seit 1961 in ärztlicher Behandlung wegen eines insulinpflichtigen Diabetes mellitus. Seit 1973 war er während seiner Studien- und Referendarzeit in meiner ambulanten Kontrolle als Patient der Medizinischen Universitätsklinik Würzburg. Die Einstellung des Diabetes mellitus erwies sich trotz des jugendlichen Alters des Patienten als sehr stabil. Herr Schulenburg hielt nicht nur konsequent seine vorgeschriebene Diät ein. Er wusste auch selbständig und verläßlich mit der Insulinmedikation umzugehen. Seine Führung als Diabetiker war derart zuverlässig und die Zusammenarbeit mit mir in einem Grad vertrauensvoll, dass ich Herrn Schulenburg wiederholt als Beispiel eines diszipliniert mit seiner Krankheit umgehenden Zuckerkranken in der Vorlesung den Studenten beschrieben und einmal sogar vorgestellt habe.

Dem disziplinierten Umgang des Patienten mit seiner Krankheit und der notwendigen Medikation ist zuzuschreiben, dass trotz des jahrelang bestehenden Diabetes mellitus bis heute keine Spätfolgen erkenn- und feststellbar sind.

Es ist nicht ohne Bedeutung, dass der Patient seine Studienzeit und die davorliegende Zeit einer Berufstätigkeit einschließlich der Erlangung des Abiturs auf dem zweiten Bildungsweg trotz der gesundheitlichen Belastung selbständig und eigenverantwortlich gemeistert hat. "

Im März 1975 treffe ich Hugo W., einen Schulfreund aus gemeinsamen Jahren in Bamberg. Er beginnt nach der Bundeswehrzeit mit dem Jurastudium in Würzburg. Wir beschließen mit anderen Studenten zusammen zu wohnen, finden eine

günstige und auch recht geräumige Fünfzimmer-
wohnung und auch bald drei Mitbewohner bzw.
Mitbewohnerinnen. Zu fünft leben wir kurze Zeit
später zusammen und gehen unseren Studien an
unterschiedlichen Fakultäten der Universität (Germanistik, Jura, Medizin, Pädagogik, Theologie)
nach. Für die Organisation meiner Diät ist jetzt sehr
von Vorteil, in der geräumigen Küche gut kochen
zu können. Auf diese Weise eigne ich mir einen
Fundus von erprobten Rezepten an, die zum Teil
auf familiären Essgewohnheiten basieren, anderer-
seits auch neu aus anderen Quellen zusammenge-
stellt sind wie zum Beispiel: Grünkernsuppe mit Ka-
rotten, Gemüsesuppe mit Grießklößen und Sup-
penfleisch, Grünkohl mit Kartoffeln und Pinkel, Pa-
ella mit Salat. Oft gehe ich auch weiterhin in die
Mensa zum Essen, wobei ich auf die kalorienmä-
ßige Zusammensetzung immer genau achte.

Vor der Tür unseres Wohnhauses tritt man in die
Parkanlagen des Haugerringes, die sich wie ein be-
waldeter Ring um die Würzburger Innenstadt hin-
ziehen. Hier absolviere/drehe ich morgens oder
abends – abhängig von meinem Belegungsplan an
der Universität – meine täglichen Dauerlaufrunden.

10. Hat die Krankheit auch ihre guten Seiten?

Entscheidung gegen einen Ordenseintritt (Sommer 1974). Der damalige Provinzial der Karmeliten in Bamberg verlangt eine Entscheidung in Bezug auf den Ordenseintritt bei den Karmeliten. Ich solle meinen Entschluss innerhalb von vier Wochen mitteilen. Für mich kommt das einer Provokation gleich. Aber ich entscheide mich und schreibe ihm einen Brief mit meiner Absage, und seitdem ist die Frage eines Ordenseintritts ein für alle Mal geklärt. Im Nachhinein betrachtet ist diese von außen provozierte Entscheidungsfindung recht gut. Denn bei einem Ordenseintritt gilt es drei Gelübde zu erfüllen: Armut, Keuschheit, Gehorsam. Insbesondere die Gehorsamsforderung und die damit verbundene Devotheit sind für mich unerträglich. Ich müsste an erster Stelle immer unterwürfig, klein sein und mich unterordnen. Ausschlaggebend ist für mich meine seit 13 Jahren bestehende Unterordnungspflicht unter das im Französischen genannte „*Régime diabetique* ". Wenn ich vernünftig leben und überleben will, muss ich mich immer der Herrschaft des Diabetes unterordnen. Dies ist mir genug. Eine weitere Einschränkung meiner persönlichen Freiheit will ich nicht eingehen, selbst wenn man mir deshalb eine gewisse Neigung zu egoistischen Verhaltensweisen unterstellen mag. Ich habe das Gefühl, mich im Kloster selber aufgeben zu müssen und das will ich nicht. Zumindest in der Hinsicht ist Klarheit geschaffen.

11. Partnerschaft, Familie, beruflicher Aufstieg trotz Diabetes?

An Ostern 1976 lerne ich Ilse – meine spätere Frau – kennen. Sie ist zu Besuch bei Luitgard – einem Mitglied unserer Wohngemeinschaft. Wir lernen uns kennen und verlieben uns und bleiben weiterhin in engem Kontakt. Sie studiert in Benediktbeuern Sozialpädagogik und ihr Elternhaus liegt in Passau. Wenn wir uns besuchen, breche ich nach Passau oder Benediktbeuern auf, oder sie kommt nach Würzburg. Im folgenden Sommer fahren wir zusammen nach Südwest-Frankreich und ins Zentralmassiv auf den Spuren romanischer Kunst. Unterwegs sind wir mit PKW, Zelt und Campingutensilien. Im Mai des nächsten Jahres heiraten wir und ziehen nach Buchen im Odenwald. Ilse tritt dort eine Stelle in der regionalen Jugendarbeit der Erzdiözese Freiburg an. Ich selbst pendle wochentags zum Studium nach Würzburg. Von weiteren Beschreibungen unseres Miteinanders sehe ich ab, da es ja nicht das eigentliche Thema meiner Darstellung ist.

Das Ende der Studienzeit naht. Die Staatsexamensarbeit entwerfe ich, stelle sie zusammen und formuliere sie. Dann folgt die Lernerei für die Abschlussprüfungen, die im Herbst 1978 geschafft sind. Ich bewerbe mich für die Referendarzeit in Baden- Württemberg und komme zum Februar 1979 an das Dillmann-Gymnasium in Stuttgart. Jetzt stehe ich morgens um 4.30 auf, fahre von Osterburken oder Neckarelz eineinhalb Stunden mit dem Zug bis Stuttgart Hauptbahnhof. Der Unterricht, in dem ich zunächst nur hospitiere, beginnt um 8.00. Mittags geht es mit dem Zug zurück. Meine Mahlzeiten verteile ich kleinschrittig über den Tag. Nach einem Vierteljahr beginne ich mit der eigenen Unterrichtspraxis und nach einigen Monaten muss ich zwölf Stunden in der Woche in eigener Verantwortung unterrichten. In diesen Zeitraum fallen auch die benoteten Unterrichtslehrproben. Im Rückblick betrachtet ist die Referendarzeit die anstrengendste Periode meiner Zeit als Student und Lehrer. Zu Beginn des Schuljahres 1980 beginnt für mich die Zeit des selbständigen

Unterrichtens mit vollem Deputat (damals 23 Stunden pro Woche) am Gymnasium Lauda-Königshofen.

Im Februar 1982 – inzwischen unterrichte ich drei Jahre Kinder und Jugendliche von der 5. bis zur 13. Klasse im Gymnasium – wird Ilka bei Schnee und Eiseskälte geboren. Ich bin bei der Geburt im Krankenhaus Hardheim dabei. Wenige Tage später sind sie und Ilse zuhause. Jetzt sind wir zu dritt, und Ilka ist gesund und quicklebendig. Mit Freude schaue ich zu wie sich Ilka entwickelt. Ich bin glücklich, froh und sehr zufrieden, obgleich neue Anforderungen entstehen. In dieser neuen Situation gilt es ja nicht nur auf die Pflichten, die aus dem „Régime diabetique " für mich erwachsen zu hören, sondern auch wachsam auf die Notwendigkeiten eines kleinen sehr nahen Menschenkindes bzw. eineinhalb Jahre später zweier Kinder. Wenn Ilse mal nicht zuhause ist, übernehme ich nach der Phase des Abstillens das Füttern, Wickeln und das Einschlafritual mit Ilka. Diese gern übernommene Aufgabe dehnt sich nach der Geburt meines Sohnes Jonathans aus. Er wird im August 1983 geboren und ich bin glücklich über einen kerngesunden

Sohn. Jetzt wuseln zwei Kinder umher und halten uns auf Trapp. Ab jetzt bringe ich immer zwei Kinder ins Bett. Später verbinde ich dies mit dem Vorlesen von Märchen oder anderen kindgerechten Texten.

12. Tabuthema: Depression

Mein Leben wird mir zu dieser Zeit (1984) zu einer einzigen Qual. Die Schule, die Familie, die Freunde, einfach die Menschen um mich herum, werden mir zum Problem, d.h. das Umgehen mit ihnen wird mir zu viel. Ich habe das Gefühl, in den täglichen Anforderungen zu ertrinken und reagiere in Stress-situationen bisweilen aggressiv auf unsere Kinder. Das Wasser steht mir bis zum Halse. Ich werde von einer furchtbaren Depression geplagt. Eine unbe-stimmte Traurigkeit und Bedrückung überfällt mich sehr oft im Alltag. Ich verdränge sie, und trotzdem werde ich immer und immer wieder von ihr ergrif-fen. Ich will funktionieren und mich nicht aufhalten lassen. Aber alles erscheint mir unnütz. Das Trau-rig- und Bedrücktsein zeigen mir: ich fühle mich unbedeutend und unauthentisch, ich bin unwichtig und ein Nichts.

In dieser Situation entschließe ich mich, eine Psychotherapie zu beginnen. Erst dort lerne ich nach und nach, dieses Lebensgefühl zu erkennen und damit zu benennen. Der Beginn meiner Therapie erweist sich im Nachhinein als folgenschwerer Entschluss, der mein Leben total verändern sollte. Sie dauert insgesamt 9 Jahre und am Ende haben sich sowohl mein Lebensgefühl zum Positiven hin wie auch meine ganze Lebenssituation völlig verändert.

Es geht in den wöchentlichen Therapiestunden zunächst nur mühsam voran. Erst 1986/87 kann ich erkennen: Es gibt nicht nur die Traurigkeit, das Bedrücktsein bei mir, das Gefühl von Wertlosigkeit, Nichtigkeit und Leere. Es gibt in mir auch eine zweite, linke Seite: Kraft, Stärke, Lebendigkeit, Lebensfreude. Diese bildet gleichsam den unantastbaren Kern meiner Persönlichkeit. Es ist das klare Gefühl von Wert, Können, Wichtigkeit, das ich körperlich spüren kann, wie einen Rettungsanker im Meer des Nichts.

Daneben gibt es die rechte Seite, die ambivalente Wirkungen entfaltet: einerseits ist sie verbunden mit den Faktoren: Vernunft, Durchhaltevermögen und Willenskraft, die mich im positiven Falle antreiben, mir aber im negativen Falle auch die

Kraft rauben, die Achtung nehmen und mich versinken lassen. Ich erfahre mich als diesen besonderen, zweigeteilten Menschen. Für mich gilt es, die beiden Seiten in mir zum Ausgleich zu bringen.

Weiterhin ergibt die Therapie: Ich brauche zu allem länger als der Durchschnitt. Deutlich spürbar wird dies bei all den Arbeiten, die ich zu erledigen habe. Alles mache ich in meinem Leben irgendwie später, z.B. mein späteres Abitur und Studium. Natürlich beginnt dadurch auch mein Berufsleben als Lehrer später, nämlich erst mit zweiunddreißig. Ich habe in allem mein Tempo, mein eigenes Tempo. Manchmal kann ich nicht direkt auf eine Situation oder ein Erlebnis reagieren. Ich reagiere erst wesentlich später, bin dann aber umso eher bereit, Beziehungen und Einstellungen zu hinterfragen oder radikal zu ändern. Ironisch überschreibe ich diesen Aspekt meines Lebens mit dem Titel der Erzählung von Günter Grass „Aus dem Tagebuch einer Schnecke " (1972).

Schließlich finde ich im Prozess der Therapie auch die Antwort auf die Frage, warum und woraus ich lebe. Aus der Kraft, die ich in mir selbst trage. Ich habe die mit der linken Seite verbundene Kraft und Lebensfreude als einen Kern in mir erfahren und kann ihn jederzeit in mir Wirklichkeit werden lassen. Ein Ergebnis jahrzehntelanger Meditationserfahrung. Dadurch werden mir die beiden Seiten meiner Persönlichkeit nicht nur gedanklich bewusst, sondern vor allem körperlich spürbar. Dieser Kern wird getragen, ist geborgen, gibt mir die Kraft, allen Widrigkeiten hindurch den Kopf oben zu behalten und aufrecht gehen zu können, auch mit der mir seit 28 Jahren gegebenen Krankheit Diabetes umgehen zu können. Das heißt: mit dem Verstand vermag ich die Konsequenzen zu sehen und mit den aktivierenden Kräften meiner rechten Seite, mich entsprechend zu verhalten. Dem einstigen Unwertbewusstsein kann ich jetzt ein klares und bestimmtes Bewusstsein meines eigenen Wertes entgegenstellen. Das Wissen um meine eigene Kraft, Stärke und Fähigkeiten erfüllt mich. Dies bestätigt sich auch in der Realität. Die rechte Seite, d.h. die Vernunft und Willenskraft, erreicht eine Bestätigung des linken Teils, des Kerns, im Äußeren, Realen und bringt damit das Gefühl der Einheit in mir selbst, der Ganzheit zustande. Ich erlange ein

Bewusstsein von eigener Kraft, Stärke und des eigenen Wertes nicht nur im Kopf, sondern im Herzen, eine Art Wissen des Herzens. Das Wissen vom goldenen Atem in mir für meine eigene Größe und Kraft wird mir als Bild bewusst. Jetzt spüre ich das in der Alltagsrealität.

Da die Therapie psychoanalytisch ausgerichtet ist, wird auch das Beziehungsgeflecht innerhalb meiner Familie erhellt: Meiner Mutter gegenüber, die mich treu umsorgt hat, mir nach Hannover und Bamberg stets die Wäsche sauber und gebügelt geschickt hat, habe ich immer das Gefühl, in Ordnung zu sein. Tatsache aber ist auch, dass ich von ihr ausgehend eine gewisse Kühle und Ängstlichkeit spüre. Bildlich klar wird mir das an ihrem Elternhaus, einer Metzgerei, die, immer wenn ich als Kind zu Besuch war, Sauberkeit und Kälte ausstrahlte – kühle Fliesen bis an die Decke.

Wärmer hingegen ist die gefühlsmäßige Verbindung zu meinem Vater. Ihn zu erreichen, ist immer Inhalt meiner unerfüllten Sehnsucht gewesen. Mein Gefühl ist immer auf ihn hin ausgerichtet, Lob und Anerkennung erheischend, doch niemals seinen Erwartungen genügend.

In der Rückschau auf mein Gewordensein kann ich jetzt auch leichter die Beziehung zu meinem Vater als den Ursprung meines Pessimismus, meiner Schwere, meines Unwertbewusstseins, meines Minderwertigkeitsgefühls annehmen, weil ich von ihm auch alles bekommen habe, was mich fähig macht, dem Äußeren zu widerstehen, mich im Alltag zu organisieren und zu einer Einheit des Wertes meiner selbst zu kommen. Ich kann mich jetzt von meinem Vater, der mir immer noch lebendig gegenwärtig ist, obwohl er gegen Ende meiner Therapie schon zehn Jahre tot ist, abgrenzen, indem mir klar wird, was ich von ihm auch gefühlsmäßig übernommen habe - Angst vor Ablehnung, Wertlosigkeitsgefühl, das Gefühl allein zu sein, das er wegen seiner fehlenden Mutter gehabt haben muss, – und für mich jetzt etwas anderes gelten lassen.

Ich kann jetzt den Erwartungen der anderen mich selbst, meine eigenen Wünsche und Bedürfnisse entgegensetzen. Ich bin von meinem eigenen Wert überzeugt und kann Forderungen stellen, sie vertreten, meine Interessen durchsetzen, sie durchziehen, kämpfen. Das tut mir gut und macht lebendig. Die Angst abgelehnt zu werden, weil ich etwas fordere, schreckt und lähmt mich nicht mehr. Ich bin von niemandes Wohlwollen abhängig. Durch mein eigenes Wertbewusstsein habe ich eine starke Unabhängigkeit erreicht.

In diesen Zusammenhang gehört das entscheidende Jahr 1989. Zum einen für die Weiterentwicklung meiner Diabetestherapie, zum anderen für meine eigene Persönlichkeitsentwicklung und damit zusammenhängend die Fähigkeit zur Trennung von Ilse, meiner Frau. Auch sie gehört zu meiner langen Entwicklung. Ich weiß, dass das Miteinander mit ihr sehr aufbauend und belebend gewesen ist. Ich weiß um meinen Wert und habe keine Angst vor dem Verlust und dem Alleinsein. Jahre lang habe ich immer gewisse Befürchtungen: Wenn ich meine Forderungen stelle, stehe ich allein da. Ich kann klar sagen, was ich will und was nicht. Dies setzt eine lange Entwicklung bei mir voraus, keine Angst mehr zu haben vor dem Verlust. Spät erst komme ich zu einem starken, mich tragenden Bewusstsein meiner selbst, meines Wertes, meiner Erwartungen und Wünsche. Natürlich hätte ich schon früher Grenzen aufzeigen müssen. Ich konnte es nicht, jetzt kann ich es und verurteile mich deshalb nicht, sie auch nicht. Meine Unabhängigkeit ist meine Stärke. Deshalb gehört auch Ilse als Dialogpartnerin zu mir im Sinne meines eigenen Entwicklungsprozesses.

Anfang 1989 entschließe ich mich, zusammen mit meinem Hausarzt, Dr. Leinwand, meine Insulintherapie von Depot-Insulin Horm, das man aus Tieren gewinnt, auf Humaninsulin Hoechst (jetzt Aventis) umzustellen und dies unter Zuhilfenahme der sogenannten intensivierten Insulintherapie in Angriff zu nehmen. Das heißt, mindestens drei Mal täglich zu spritzen und vor jedem Spritzen und des Weiteren noch mehrmals am Tag den Blutzucker zu prüfen. Dazu benutze ich von diesem Zeitpunkt an Haemo-Glucotest und das dazugehörige Prüfgerät; später ab März 2007 verwende ich Contour und Ascensia Contour von Bayer, weil es nach meinen Erfahrungen genauer misst. Bisher habe ich meinen Zucker immer mit Urin-Stix und häufigen Tagesprofilen, erstellt im Arztlabor, überprüft. Zu dieser Änderung der Insulineinstellung will ich nicht wie 1970 in ein Krankenhaus gehen, sondern die Faschingsferien dazu zu nutzen. Ich bespreche die zu spritzenden Insulindosen mit meinem Hausarzt und prüfe selbst oder gehe mehrmals täglich zur Erstellung eines Tagesprofils in sein Labor. Es dauert eine Woche, bis die Werte angemessen sind. Nach einer weiteren Woche kann ich davon ausgehen, dass ich den Alltag damit bewältigen werde. Ich gehe dann wieder meinem Beruf als Lehrer nach. Die folgenden Monate verlaufen recht gut. Bis dann Ende des Jahres massive Schwierigkeiten in unserer Ehe auftreten. Für mich treten in diesem Zeitraum öfter Hypoglykämien auf, die ich aus meinem bisherigen Leben als Diabetiker nicht kenne, jedenfalls nicht in dieser Häufigkeit. Die Hypoglykämien werden mir zu einem Alarmzeichen für eine extreme psychische Belastung. Ich erinnere mich an eine Hypoglykämie im Mai 1990. Während der Teilnahme an einer Gesamtlehrerkonferenz in meiner Schule - Thema ist die Gestaltung der Bücherei im Schulgebäude - schlage ich plötzlich auf den Tisch und rufe in die Versammlung hinein ein lautes und wiederholtes „Nein, Nein ", bis Kollegen und Kolleginnen mich hinausführen und mir Zucker geben, worauf sich mein Zustand sehr rasch ändert. Sie haben meinen hypoglykämischen

Zustand erkannt und das Richtige getan. Dies ist nur deshalb erfolgt, weil meine Kollegen über meine Erkrankung von mir informiert worden sind. Soweit zum äußeren Ablauf dieser Episode. Ich selbst weiß wenig später, mein völlig unangemessenes „Nein, Nein " in der Konferenz auf meine innere Situation hin zu deuten. Retrospektiv lässt sich erkennen, dass mehrere Handlungsstränge parallel laufen. Noch während der Psychotherapie eskaliert die Auseinandersetzung in unserer Ehe. Wir haben unüberwindbare Probleme und jeder hat seinen Teil dazu beigetragen. Wir entschließen uns zur Trennung und später zur Scheidung, was über zwei Jahre dauert. Durch das gemeinsame Sorgerecht bleibt eine lebendige Beziehung zu beiden Kindern und zu meiner jetzt geschiedenen Frau weiterhin bestehen.

Ich nehme die Wassermetapher vom Anfang der Psychotherapie wieder auf und kann jetzt sagen, dass ich nicht mehr in den täglichen Anforderungen und Schwierigkeiten zu ertrinken drohe, nein, zu lösende Probleme und Bedrängnisse benetzen mir höchstens noch die Füße.

An dieser Stelle füge ich Auszüge aus einem Attest meines langjährigen Hausarztes Dr. Leinwand ein, welches er mir im Zusammenhang mit den gerichtlichen Auseinandersetzungen der Scheidung 1990 überließ.

„Bei Herrn Schulenburg besteht seit 1961 ein insulinpflichtiger Diabetes mellitus. Bis zum heutigen Zeitpunkt finden sich keine Zeichen von Spätkomplikationen wie z. B. eine diabetische Neuro-, Nephro-, Angio- und Retinopathie. Herr Schulenburg ist als einer der wenigen Diabetespatienten in der Lage, zuhause selbständig Blutzuckermessungen mit Hilfe eines Blutzuckermessgerätes durchzuführen und bei entsprechenden Veränderungen im Bereich des Blutzuckers, die Insulindosis der Gelegenheit entsprechend anzupassen, was wohl auch auf seine langjährige Erfahrung zurückzuführen ist.

Bei regelmäßig durchgeführten Blutzuckermessungen, einschließlich Blutzuckertagesprofilen, sowohl in der Praxis, als auch häuslicherseits durch den Patienten ergaben sich jeweils gute Resultate, sodass von einer guten Diabeteseinstellung bis zum jetzigen Zeitpunkt gesprochen werden kann.

Auffällig ist, dass bis Anfang 1990 erst einmal bei dem Patienten in den vergangenen neun Jahren mein ärztliches Eingreifen notwendig wurde. In diesem Jahr dreimal aufgetretene Hypoglykämien fallen zeitlich zusammen mit einer anhaltenden familiären Konfliktsituation, sodass aus den mit vorliegenden Daten und meiner langjährigen Kenntnis des Patienten der Schluss zu ziehen ist, dass hier die familiäre Konfliktsituation negative Einflüsse auf den Zuckerstoffwechsel ausübt.

Regelmäßige Kontrollen von HbA1-Werten, welche rückwirkend eine Aussage über die Blutzuckereinstellung ergeben, zeigen jeweils im Normbereich liegende Werte, sodass hier ein längerfristiger Diätfehler, bzw. starke Blutzuckerschwankungen auszuschließen sind.

Mir gegenüber tritt Herr Schulenburg als ein äußerst akkurater, aufgeschlossener und sehr kooperativer Patient auf, bei dem trotz jahrzehntelang bestehendem Diabetes mellitus bis zum heutigen Tag keinerlei Spätkomplikationen aufgetreten sind.

Wenn diese Spätsyndrome bisher nicht nachzuweisen sind, dann liegt das zunächst an der guten

Diabeteseinstellung und auch zu einem nicht un-erheblichen Teil beim Patienten selbst, der sich wie oben schon erwähnt sehr kooperativ und verant-wortungsbewusst zeigt.

Nicht unerwähnt sollte bleiben, dass Herr Schulenburg trotz seines Diabetes im Jahre 1983 Beamter auf Lebenszeit wurde (Untersuchung und Beurteilung durch das Gesundheitsamt Tauberbi-schofsheim). "

13. Veränderungen

Nach der Scheidung (Sommer 1992) ziehe ich in ein Einfamilienhaus mit vier Zimmern und großem Garten – als Spiel- und Aufenthaltsmöglichkeiten für die Kinder, und weil ich selbst gern in einem freistehenden Haus lebe. Grundgelegt durch das gemeinsame Sorgerecht und die relative Nähe der elterlichen Wohnungen, die nur vier Kilometer auseinanderliegen, leben die Kinder die Hälfte der Zeit bei mir und die übrige Zeit bei Ihrer Mutter. Wir regeln das immer flexibel nach den notwendigen Erfordernissen für die Kinder und den elterlichen Präsenzmöglichkeiten. Da ich als Lehrer oft ab 13.00 Uhr zuhause bin, essen die Kinder mittags bei mir und abends bei Ilse. Sie hat Arbeitszeiten bis 18.00 Uhr oder auch noch später. Manchmal kommen noch Wochenendtermine hinzu. Dann übernachten die Kinder bei mir am Wochenende. Wir sind auf diese Weise oft zusammen und erleben den Alltag miteinander. Bis zum heutigen Tage hat sich an unserer engen Beziehung nichts geändert.

Ilse und Ich sind mittlerweile gute Freunde und kümmern uns gemeinsam um unsere Kinder. Manchmal bin ich auch die Familienpension für ihren Hund Chilly.

14. Sein oder Nichtsein – Essentielles zur Ernährung als Diabetiker

Nach neueren Diabetes-Diätempfehlungen darf der Diabetiker alles essen - sogar mit normalem Zucker gesüßte Speisen - er solle dann nur die entsprechenden Bolusgaben des schnellwirkenden Insulins erhöhen. Für mich ist das zuerst Genannte ein Irrweg. Für mich gehört die Beschränkung und genaue Regulierung meiner Ernährung zu meinen Therapiezielen. Ausgehend von meiner ersten Ausbildung als Konditor und aufgewachsen in einer Bäckerei – das Tollste war schon damals der Geruch frischen Roggenvollkornbrotes (anders: Schwarzbrot) nach 12 Stunden Backzeit - hat sich bei mir schon früh ein ausgeprägtes, hoch differenziertes Geschmacksempfinden entwickelt. Natürlich muss ich als Diabetiker mit Einschränkungen leben – kein Zucker, nichts Süßes, keine zu süßen Früchte, wenig Fett, Kalorien in Maßen, dagegen viel Gemüse, frisches Obst, Salat, insgesamt eine ausgewogene, vollwertige Ernährung. Der Verzicht hat mich nie gestört, eher mein Empfinden für feineren Geschmack verstärkt. Ohne die Süßspeisen, die mit Zucker oft bis zur Ungenießbarkeit zugesüßt sind, empfinde ich den Eigengeschmack aller Lebensmittel, unter anderem von Früchten und Marmeladen ohne Zuckerzusatz, viel intensiver. Durch die Vermeidung von Zucker bildet sich bei mir mit der Zeit eine größere Empfänglichkeit für den Eigengeschmack von Nahrungsmitteln heraus. Auch gibt es hier gewisse unterstützende Maßnahmen: zum Beispiel sind Erdbeeren schmackhafter mit einigen Tropfen frischer Zitrone beträufelt als unter der Verwendung von Zucker. Ich entwickle eine Vorliebe für Vollkornbrot, Schwarzbrot, Pumpernickel, Roggenbrot oder auch Roggenbrötchen und Vollkornbrötchen lange vor der Biowelle.

Nach der Nahrungsumstellung auf die Diabetesdiät versetzt mich das Wissen um die Austauschwerte (Broteinheiten) und die Kalorienwerte aller Nahrungsmittel in die Lage selbstbestimmt und eigenverantwortlich im Rahmen der mir selber gesetzten Ziele und Ernährungsgewohnheiten mit Disziplin und Willenskraft einen unverwechselbaren Weg bei der Ernährung zu finden. Ich esse nur etwas, wenn es mir schmeckt und mundet und nicht, weil es empfohlen ist. Genauso ist für mich das Hauptkriterium bei der Entscheidung für Naturkostware, dass sie besser schmeckt als normale Lebensmittelware. Dies gilt für Milchprodukte, Fleisch, Brot, Gemüse, Obst.

15. Überlebensphilosophie

Mir erschließt sich ein Begriff, den ich seit Jahrzehnten umkreist habe: Selbstannahme. Ich habe gelernt, ihn ganzheitlich zu begreifen. Ich zitiere hier zur Ergänzung meiner Gedanken Max Frisch, Stiller:

„»Ich sehe Stiller nicht als Sonderfall«, sagt mein Staatsanwalt. »Ich sehe einige meiner Bekannten und mich selbst darin, wenn auch mit anderen Beispielen von Selbstüberforderung ... Viele erkennen sich selbst, nur wenige kommen dazu, sich selbst auch anzunehmen. Wie viel Selbsterkenntnis erschöpft sich darin, den andern mit einer noch etwas präziseren und genaueren Beschreibung unserer Schwächen zuvorzukommen, also in Koketterie! Aber auch die echte Selbsterkenntnis, die eher stumm bleibt und sich wesentlich nur im Verhalten ausdrückt, genügt noch nicht, sie ist ein erster, zwar unerlässlicher und mühsamer, aber keineswegs hinreichender Schritt. Selbsterkenntnis als lebenslängliche Melancholie, als geistreicher Umgang mit unserer früheren Resignation ist sehr häufig, und

Menschen dieser Art sind für uns zuweilen die nettesten Tischgenossen; aber was ist es für sie? Sie sind aus einer falschen Rolle ausgetreten, und das ist schon etwas, gewiss, aber es führt sie noch nicht ins Leben zurück ...

Dass die Selbstannahme mit dem Alter von selber komme, ist nicht wahr. Dem Älteren erscheinen die früheren Ziele zwar fragwürdiger, das Lächeln über unseren jugendlichen Ehrgeiz wird leichter, billiger, schmerzloser-, doch ist damit noch keinerlei Selbstannahme geleistet. In gewisser Hinsicht wird es mit dem Alter sogar schwieriger. Immer mehr Leute, zu denen wir in Bewunderung emporschauen, sind jünger als wir, unsere Frist wird kürzer und kürzer, eine Resignation immer leichter in Anbetracht einer doch ehrenvollen Karriere, noch leichter für jene, die überhaupt keine Karriere machten und sich mit der Arglist der Umwelt trösten, sich abfinden können als verkannte Genies...Es braucht die höchste Lebenskraft, um sich selbst anzunehmen ... In der Forderung, man solle seinen Nächsten lieben wie sich selbst, ist es als Selbstverständlichkeit enthalten, dass einer sich selbst liebe, sich selbst annimmt, so wie er erschaffen worden *ist. Allein auch mit der Selbstannahme ist es noch nicht getan! Solange ich die Umwelt überzeugen will, dass ich niemand anders als ich selbst bin, habe ich notwendigerweise Angst vor Missdeutung, bleibe ihr Gefangener kraft dieser Angst... Ohne die Gewissheit von einer absoluten Instanz außerhalb menschlicher Deutung, ohne die Gewissheit, dass es eine absolute Realität gibt, kann ich mir freilich nicht denken«, sagt mein Staatsanwalt, »dass wir je dahin gelangen können, frei zu sein. " (S. 322-323, Suhrkamp Verlag 1981)*

Seitdem formuliere ich mein Verständnis und verwendete es, wenn es sich thematisch anbietet, im Unterricht sowohl in Deutsch als auch in Religion z.B. bei der Sinnfrage.

Selbstannahme verstanden als den individuellen Prozess der Bewusstwerdung der eigenen Möglichkeiten und Fähigkeiten, der eigenen Wünsche und Bedürfnisse des einzelnen. In diesem unter Umständen auch schmerzhaften aber trotzdem produktiven Prozess ist es nötig, den Rollenerwartungen anderer oder den Rollenerwartungen der

Umwelt die eigenen Wünsche, Bedürfnisse und Ansprüche und darauf basierend die eigenen Fähigkeiten und Ziele entgegenzusetzen – Einübung von Widerstand. Die Abgrenzung von anderen wird möglich und nötig. Es ist der Beginn eines schmerzhaften Individuationsprozesses. Indem ein Mensch seine Möglichkeiten und Fähigkeiten bewusst entdeckt und zur Entfaltung bringt, entdeckt er auch seine ihm eigenen subjektiven Glücks- und Entfaltungsmöglichkeiten.

Wenn er die ihm eigenen Fähigkeiten zur Entfaltung bringt, geht es ihm gut und er gelangt zu Momenten des Glückes. Und wenn er das schafft, ist er authentisch, echt und glaubwürdig und begeistert zwanglos auch andere für die von ihm dargestellte Perspektive der Welt. Das unbezahlbare Mittel eines authentischen Menschen ist seine Begeisterungsfähigkeit, die ansteckend wirkt. Das Wort Begeisterung in der Sprache der alten Griechen bedeutete wörtlich: die Götter in sich tragen. Der Enthusiasmus bringt das Göttliche, die göttliche Potenz der Welt zum Ausdruck. Der Enthusiasmus ist das Wirken eines Menschen, der in anderen Menschen eben diese Begeisterung für die von ihm dargestellte Perspektive der Welt erweckt. Es geschieht zwanglos quasi wie lockeres Beiwerk.

Er bewirkt in seiner Unabhängigkeit Freiheit und braucht nicht nach Anerkennung gieren, sondern ist anerkannt und ist sich selbst bewusst, selbständig und trotzdem mit den anderen auf das lebendigste verbunden. Er findet auf eine einfache und direkte Weise die Antwort auf die Frage, warum er lebe. Nämlich, damit er den ihm entsprechenden Weg geht und indem er ihn findet und geht, geht es ihm und den ihn umgebenden Menschen gut, und er und sie sind frei von den das Individuum einschränkenden Rollenerwartungen der Umwelt. Er ist identisch mit sich selbst und er ist begeisterungsfähig.

An erster Stelle steht die Selbstannahme und alles andere folgt von selbst. „Liebe deinen Nächsten, wie dich selbst. " Mk. 12,29f. Meine etwas freiere Übersetzung würde aber lauten: „Liebe deinen Nächsten, denn er ist wie du ", also hat er auch solche Ansprüche wie ich.

Wenn der einzelne seine eigenen Wünsche, Bedürfnisse und Ansprüche zu erfüllen sucht, nimmt er sich selber an und kann auch andere annehmen bzw. wird von anderen angenommen. Dieses Geschehen ist ein wechselseitiger Prozess. Der einzelne wirkt und wird als Bewirkender wahrgenommen bzw. es wird auf ihn reagiert.

16. Essentielles über dem Umgang mit Gott und der Welt

Auf die Frage, woran glauben Sie? - eigentlich müsste die Frage lauten, was trägt mich im Leben und über das Leben hinaus - folgt nun der Versuch einer Antwort. Vorauszuschicken ist meine grundsätzliche Skepsis allem unklaren Gerede gegenüber und der Behauptung, der Glaube bedürfe des Opfers des Verstandes. Dazu: Wenn das Sprechen von der Ganzheit richtig ist, so gehören auch zum glaubenden Menschen der Verstand und das Gefühl voll und ganz hinzu. Deshalb ist das Folgende quasi ein Dialog des reflektierenden Ichs mit dem emotionalen Ich. Sie sprechen miteinander, sprechen wie in einer Theateraufführung einen Dialog miteinander. Dieses innere Zwiegespräch ist bildlich gesprochen das Ergebnis jahrelanger Selbstbeobachtung und intensiver Meditationserfahrung.

Ich glaube, ich vertraue dem, was ich unmittelbar erfahre oder erfahren habe. Und erfahren habe ich mich, der in Beziehungen zu anderen Menschen lebt – als Vater und Lehrer bestimmte emotionale Funktionen hat – als einen Menschen, der an das Gute im Menschen glaubt. Sonst wäre die Erziehung der eigenen Kinder und die Arbeit als Lehrer eigentlich unmöglich. Einfacher gesagt, als Grundsatz moralisch gefasst: Ich muss die mir anvertrauten Menschen achten und lieben, dann gelingt auch die Arbeit mit ihnen. Anders würde ich zum Zyniker.

Darüber hinaus habe ich mich erfahren als quasi zweigeteilten Menschen- geteilt in eine rechte und eine linke Seite, wobei die linke Seite für mich den eigentlichen Kern darstellt und für mein Gefühlsleben steht. Dieser Kern wird getragen, ist geborgen, gibt mir die Kraft, allen Widrigkeiten zum Trotz, den Kopf oben zu behalten und aufrecht gehen zu können, auch mit der mir gegebenen Krankheit (Diabetes) seit über 50 Jahren leben zu können. Die rechte Seite entspricht den Kräften des Verstandes und des Willens mit den Faktoren Vernunft, Kraft, Willensstärke, Einsatz, Ausdauer und Durchhaltevermögen sowie der Fähigkeit mich an der Realität zu orientieren, ohne dabei die Bodenhaftung zu verlieren. Und erfahren habe ich mich in meinem Leben als eine Einheit dieser beiden Teile, als bewusste Wahrnehmung von links und rechts, von Fühlen und Denken und daraus folgendem Wollen und Handeln. Indem ich bewusst fühle und denke, prüfe ich mich selbst und alles von außen auf mich Einwirkende und bringe Entschlüsse zustande, die über die Aktualität hinaus verlässlich sind und mich auf Dauer beeinflussen. Also glaube ich diesem eigenen Fühlen und Denken und vertraue auf die im Miteinander mit anderen gewonnenen Erkenntnisse und Wirkungen.

Seit langer Zeit ist die grundlegende Wahrnehmung meiner meditativen Körpererfahrung ein Gefühl des Aufgehobenseins, des Getragenseins, der Geborgenheit, dargestellt in einem mir von der christlichen Religion vermittelten Bilderrahmen bzw. religiöser Deutekategorien oder Symbolzusammenhänge.

Ich denke und ich lebe mit Wahrnehmungen und Gefühlen, mit Taten und Tatsachen, mit Beständigem und Wandel auch in meinem persönlichen Leben, das eine Reihe tiefgehender Änderungen beinhaltet (stichwortartig: Diabetes 1961, Abbruch der Lehre als Konditor im selben Jahr, Handelsschule 1962, Lehre als Steuerberater 1964, Entschluss zum Schulbesuch zur Erlangung des Abiturs in Bamberg 1967, Ziel: Ordenseintritt und Theologiestudium, 1973 Abitur und Studienbeginn, Studienfächer Theologie und Germanistik, 1974 Entschluss nicht in einen Orden einzutreten hierzu: Der entscheidende Grund hierfür war, dass ein Ordenseintritt für mich bedeutet hätte, gehorsam zu sein, devot zu sein, klein zu sein, unterwürfig zu sein, nicht ich selber sein zu dürfen.. Dies hielt mich im Letzten davon ab. Heirat 1977, Lehrer ab 1978/79, Scheidung 1992. Zum einschneidenden Punkt Scheidung ist wichtig: Wir haben die Kinder gemeinsam weiter erzogen und ich habe mich zwar abgegrenzt von meiner geschiedenen Frau aber sie nicht schlechtgemacht oder verurteilt. Dies einfach aus dem Bewusstsein heraus, dass sie und die Kinder Teil meiner Identität sind und eine Abwertung/Ablehnung eine Herabsetzung von ihnen und meiner selbst bedeutet hätte.

Trotz aller Einschnitte in meinem Leben fühlte und fühle ich mich eigentlich immer geborgen, getragen und sicher – heute in stärkerem Maße als vor Jahrzehnten. Ich habe keine besonderen Glaubenserfahrungen, die sich nicht auf natürliche Weise durch den Verstand erklären ließen. Hier gilt es zu bedenken, wie wir sprachphilosophisch von Gott reden können. Er ist kein über der Welt seiender Gott. Auf der einen Seite mahnt der Verstand: Nein, das geht nicht, so zu reden. Auf der anderen Seite lässt meine Psyche es zu, so zu sprechen, und dies entspricht meinem Gefühl in bestimmten Grenzsituationen.

Auf Gott als sozusagen unerklärbare übernatürliche Macht bin ich nicht angewiesen. Ich bestreite niemandem solche außerordentlichen " Glaubenserfahrungen" . Aber wenn ich ehrlich bleiben will, heißt das für mich: Ich habe sie nicht. In gleicher Weise skeptisch bin ich gegenüber allen anthropomorphen Aussagen über Gott, wie er in der Geschichte auftritt, der eifersüchtig ist, droht und zürnt und den man mit Lob, Dank und Bitten, also „Gebeten" beschwichtigt und bestürmt. Als Reflexionsstufe und quasi als doppelter Boden und theoretischer Unterbau überzeugen mich die in der christlichen Tradition üblichen Wege des Sprechens von Gott in Analogien und die bekannte Tatsache, dass alles Reden von Gott sich menschlicher Sprache bedient, die aber wiederum bekanntermaßen Metaphern, Anthropomorphismen und Mythen verwendet wie alles dichterische Wort. (Gewissen als Stimme Gottes, Gott als Schöpfer) Gott ist unendlich, allmächtig und wie ein Vater (Vater unser), dies kann man auch sprachlich überzeugend begründen. Das Sprechen von Gott ist sprachlich nicht vorstellbar unter unserem Niveau als Personen und nicht unter dem Niveau von Dichtung. Außerdem stelle ich in meinem Entwicklungsprozess gewisse Gegebenheiten fest, die es mir leicht machen, das transzendente Gegenüber als Vater anzusprechen. Vater ist für mich ein Sehnsuchtsinhalt.

Jesu überlieferte Rede vom Vater (Abba) überzeugt mich. Hiermit schließe ich an das vorhin bezüglich der Analogie Gesagte an. Ich glaube, vertraue auf Jesu Weg, Wahrheit und Leben (Joh. 14.6) und ich würde so formulieren, " ich vertraue auf den, auf den Jesus vertraut hat und den er Gott genannt hat" (Zahrnt). " Mein Gott, mein Gott, warum hast du mich verlassen" (Mk.15,34) war schon immer für mich eines der glaubwürdigsten überlieferten Worte Jesu.

Wer das ist, weiß ich nicht, aber ich weiß, wie Jesus Christus geglaubt hat und auf die Frage, wer Gott sei und wie wir zum Leben mit ihm gelangen, antwortet er in sprachlichen Analogien (Lk.10.25-27) " Du sollst den Herrn deinen Gott lieben mit ganzem Herzen und ganzer Seele, mit all deiner Kraft und all deinen Gedanken und deinen Nächsten sollst du lieben wie dich selbst" . Liebend leben, bejahend leben gegenüber Gott, den anderen und sich selbst kommt der Mensch zur Erfüllung entspricht meiner Erfahrung. Und im Johannesbrief finden wir (1Joh.4, l6b) " Gott ist die Liebe und wer in der Liebe lebt, bleibt in Gott." Wer liebend lebt, lebt in Übereinstimmung mit den Grundgegebenheiten dieser Welt (oder -mythologisch ausgedrückt- der Schöpfung Gottes), er versteht sie und lebt in ihnen.

Mein Glaube hängt von mir ab und den Menschen, die ihn mir sagten und vorlebten, von mir und meinem Vertrauen in dieses mir Gesagte und von mir Erfahrene. Er trägt mich, wo ich ihm folge und wenn er mich einmal nicht mehr trägt, muss ich genügend Kraft und Durchhaltevermögen besitzen, das auszuhalten. Die Kraft wird mir gewiss durch andere, liebende Menschen und Phänomene der Schöpfung wieder zuteil. So jedenfalls ist meine Erfahrung über die Jahrzehnte meines Lebens.

Insgesamt bin ich 28 Jahre in der Schule und unterrichte. Mit der Zeit stelle ich fest, dass ich in der Rolle als Lehrer ein perfekter Darsteller sein sollte. Ich sollte meine Schüler mitreißen und begeistern können, - eine Idealvorstellung, die sicher nicht immer voll zu verwirklichen aber oft annähernd erreichbar ist. Wie realisiere ich dies am besten? Durch Authentizität und Glaubwürdigkeit. Deshalb verwende ich dieses persönliche Glaubensbekenntnis seit Mitte der Neunziger Jahre am Ende einer Schulperiode. Oft habe ich im Fach Religion die Schüler über mehrere Jahre begleitet und durch den Inhalt geleitet, und wir haben in der Oberstufe Themen wie „Gottesglaube und Atheismus ", „der historische Jesus und der Glaube der

Kirche " behandelt. Zum Abschluss trage ich ihnen meistens in einer gesonderten Stunde in der 13. Klasse diesen Text über meinen persönlichen Glauben vor.

17. „Lustig ist das Lehrerleben " – ein kurzer Blick zurück

Am 19.8.1982 erhalte ich auf meinen Antrag hin vom Versorgungsamt Heilbronn auf Grund der Diagnose: „Insulinpflichtiger juveniler Diabetes mellitus „den Bescheid zur Feststellung als Schwerbehinderter mit einem Grad der Minderung der Erwerbstätigkeit von 50 % anerkannt zu sein. Durch einen Hinweis meines damaligen Direktors, der als Dienstellenleiter seinen Anteil von 5% Schwerbehinderten in Bezug auf die Gesamtzahl der Beschäftigten seiner Dienststelle erreichen will, komme ich dazu, mich als Schwerbehinderter registrieren zu lassen. Die Vorteile, die daraus erwachsen sind gering: Ein Pauschbetrag zum Abzug vom steuerpflichtigen Einkommen und eine Deputatsermäßigung von damals einer Stunde. Später erhöht sich die auf zwei Stunden. Aber_wichtig finde ich immer, dass ich mich als Diabetiker nicht verstecken_muss. Später soll mir diese frühe Feststellung noch einen Vorteil bringen. Seit 1999 kann man ja nur noch Pension beziehen ohne Ab-schläge ab dem 65zigsten Lebensjahr. Dies gilt allerdings nicht für Schwerbehinderte, die noch vor 1999 ihren Bescheid erhalten haben. So kann ich mit 60 Jahren ohne Abschläge am 3.8. 2006 in Pension gehen. Aus diesem Grunde nun die folgenden Worte:

Das Thema des Jahresabschlussgottesdienstes heute früh waren: Träume in der Bibel. Eine Bemerkung dazu von mir persönlich, als ich im Frühjahr 1961 - mit vierzehn Jahren - die Diagnose gesagt bekam: Diabetes Typ 1, erhielt ich natürlich auch die negativen Botschaften offeriert, die da sind zum einen die möglichen Folgeerkrankungen und resultierend daraus die Botschaft von geringer Lebenserwartung. Bei vielen Betroffenen bringt das eine resignierende Haltung hervor, bei mir geschah genau das Gegenteil. Aus einer gewissen Antihaltung, einem gewissen Trotz heraus hatte ich einen Traum oder fasste ich den Entschluss, mir passiert das nicht, ich zeig euch, was eine Harke ist! Deshalb bin ich ganz besonders dankbar und zufrieden, dass ich den Abschluss meines Berufslebens trotz meiner Grunderkrankung gesund erlebe. Ich meistere das Leben mit der Diagnose juveniler Diabetes und der daraus resultierenden Doppelbelastung seit meinem 14. Lebensjahr bis jetzt ohne große Krankheitsausfälle und ohne die gefürchteten Spätfolgen, die wie ein Damoklesschwert über jedem Zuckerkranken schweben. Diese potentiellen Spätfolgen sind:

diabetische Neuropathie – letzte Konsequenz Fußamputation

diabetische Retinopathie – letzte Konsequenz Erblindung

diabetische Nephropathie – letzte Konsequenz Nierenversagen, ständige Dialyse oder Nierentransplantation

Wer Krankheitsstatistiken Zuckerkranker liest, weiß, dass diese Spätfolgen in der Regel nach 10 – 15 Jahren auftreten. Deshalb erfüllt mich noch eine zusätzliche Freude.

Noch eine Bemerkung zur eben erwähnten Doppelbelastung. Was bei jedem anderen von Ihnen unwillkürlich vor sich geht: Essen, Trinken, sich Wohlbefinden (durch den natürlichen Einfluss des körpereigenen Insulins) muss ich willkürlich durch Berechnen, Überlegen, Einschränken, Spritzen des Insulins erreichen.

Das Ziel ist immer möglichst normnahe Werte als Ergebnis zu sehen. Eine gute Diabetestherapie ist ein ständiger Drahtseilakt, weil trotz allen Vorausdenkens und Berechnens die Gefahr des Unterzuckers besteht.

Wodurch habe ich das erreicht?
Durch Einsicht in die Zusammenhänge Willenskraft und Selbstdisziplin, wobei ich Letzteres dreimal betone. Diese drei Grundvoraussetzungen sind mein Teil. Der weitere Teil, seit meiner Einbindung in das Kollektiv des Lehrerkollegiums des MSG vom 5. September 1980 an, ist die selbstverständliche Rücksichtnahme und Akzeptanz meines Diabetes durch das gesamte Kollegium.

Mir fällt jetzt ganz spontan eine Studienfahrt nach London ein: Michael Salomon war dabei. Spritzen im öffentlichen Park. Sofort sorgt er für unauffälligen Schutz durch einen Schülerkreis um mich herum. Oder Unterzucker in der National Gallery. Konkret: Ich werde langsamer. Er sagt: „ Iss was Anton, du hast Unterzucker. " Ich lehne ab, was zu essen. Mir kann das nicht passieren!!, sagt mir mein Selbstbild. Aber er lässt nicht locker. Macht mich erneut darauf aufmerksam. Schließlich prüfe ich meinen aktuellen Zuckerwert und habe natürlich einen zu niedrigen Wert und esse sofort etwas. Michael sagt hinterher, dass er schon überlegt habe, was er tun müsse, falls ich nicht mehr ansprechbar sei.

Wodurch habe ich es noch erreicht? Durch offenes Umgehen mit meiner Krankheit einmal gegenüber Kollegen und auch durch Offenheit gegenüber den Schülern. Wenn ich neu in eine Klasse komme, informiere ich sie recht bald über die Tatsache meines Diabetes und seiner für sie wahrnehmbaren möglichen Folgen: Unterzucker. (verlangsamte Reaktionsweisen von mir, ungewohntes Reagieren, sie könnten mich dann darauf aufmerksam machen, Beispiel 12. Klasse 2002.) Vertrauen zu den Schülern ist mir immer durch Vertrauen vergolten worden. Noch nie ist eine hypoglykämische Situation bei mir durch eine Klasse ausgenutzt worden.

Aus meiner am Anfang erwähnten Antihaltung entwickelte sich mit der Zeit ein großer Ehrgeiz bei mir, möglichst immer normnahe Laborwerte zu erreichen. Mein Hausarzt Dr. Leinwand ironisierte dies Bestreben meinerseits, indem er dazu bemerkte, Sie wollen wohl als Diabetiker gesund sterben. Aber natürlich, will ich das, konnte ich darauf nur sagen!

Ich musste über die Jahre und Jahrzehnte hin auch erst meine sehr komplizierte Situation als Diabetiker (das zweite Ich, den Diabetes) zu akzeptieren lernen und das fällt ja nicht vom Himmel und ist ständige Arbeit an sich selbst. Das Ergebnis dieses Prozesses ist die immer wieder neu erwirkte Selbstannahme und das Leben im Einklang mit sich selbst. Mir hat sich damit erschlossen, dass nur aus dieser Zufriedenheit heraus Positives zu schaffen ist auch für mich als Lehrer und Erzieher anderer. Neben allen professionellen Fähigkeiten methodischer, fachlicher und kommunikativer Art ist das Leben im Einklang mit sich selbst die Grundlage allen pädagogischen Wirkens. Das unbezahlbare Mittel eines authentischen Menschen ist seine Begeisterungsfähigkeit, die ansteckend wirkt. Das Wort Begeisterung in der Sprache der alten Griechen bedeutet: Die Götter in sich tragen. Der Enthusiasmus bringt das Göttliche, die göttliche Potenz zum Ausdruck. Der Enthusiasmus ist das Wirken eines Menschen, der in anderen Menschen eben diese Begeisterung für die von ihm dargestellte Perspektive der Welt erweckt. Es geschieht zwanglos quasi wie lockeres Beiwerk und ist ein Spiel und bewirkt Freiheit. Um es noch anders im schillerschen Sinn zu sagen „der Mensch spielt nur, wo er in voller Bedeutung des Wortes Mensch ist, und er ist nur da ganz Mensch, wo er spielt. " So ist mein Lehrersein eigentlich, wenn es gelingt, ein Spiel. Und hier setze ich dem Spiel in der Rolle als Lehrer zufrieden einen Schlusspunkt. "

18. „Erstens kommt es anders und zweitens als man denkt "

März 2007 - kaum bin ich ein halbes Jahr pensioniert - ist mein PSA-Wert wiederum erhöht. Ich mache einen Termin beim Urologen aus. Dort wird nach Tastbefund und vierfacher Biopsie ein Prostatakarzinom ausgeschlossen. Eigentlich bin ich erleichtert und froh, aber es sollte ein Trugschluss sein. Auf das Drängen eines Freundes hin stelle ich mich bei einem weiteren Urologen vor. Dieser kommt zu einer entgegengesetzten Diagnose. Schon nach dem ersten Tastbefund hat er starke Bedenken und bestellt mich zu einer erneuten Biopsie ein. Wenig später wird nach zwölffacher Prostata-Stanzbiopsie ein Prostatakarzinom verifiziert. Damit ist eine Operation unausweichlich, um zu verhindern, dass der Krebs sich ausdehnt, wuchert und streut. Zehn Tage drauf werde ich zur Operation aufgenommen. Eine radikale Prostatektomie steht mir bevor, d. h. es wird die gesamte Prostata mit der Kapsel, den anliegenden Samenbläschen und den örtlichen Lymphknoten entfernt.

Obwohl ich in der Zwischenzeit weiß, dass es die größte Unterleibsoperation bei Männern darstellt, bin ich sehr gelassen und warte auf die Geschehnisse, die näher rücken.

Am Tag der Operation werde ich um 7.00 Uhr im Bett liegend zum Operationsraum gefahren. Mit einem grünen Operationshemd (hinten offen) bekleidet, komme ich an der Schleuse zur Operationsabteilung an. Dort wird mir auch dies noch abgenommen und ich werde nach der Begrüßung durch den Anästhesisten als nackte Kreatur durch die Schleuse gereicht. Meine Kreatürlichkeit und mein Ausgeliefertsein werden so überdeutlich. Ich nehme noch den Beginn der Narkose wahr und wache etwa 24 Stunden später im Krankenzimmer, an etlichen Schläuchen angeschlossen, wieder auf. Dazwischen liegen die stundenlange Operation und der anschließende Aufenthalt in der Intensivstation, wovon mir aber keine Einzelheiten in Erinnerung geblieben sind. Erstaunlicherweise hatte ich vor diesem großen operativen Eingriff keine Angst. Vertrauen ist alles! Vertrauen in die Fähigkeiten des Operateurs und seines Teams! Vier Tage später bekomme ich von Dr. Bonfig die erlösende

Botschaft, dass die vom Krebs befallenen Gewebe-partikel erfolgreich entfernt wurden und der Krebs sich noch nicht weiter ausbreiten konnte, die PSA-Werte negativ sind. Sie sind es bis heute auch immer geblieben.

Die Diabetesbehandlung wird im Krankenhaus nach dem zweiten Tag ganz meiner Eigenregie überlassen. Ich übernehme die Dosierung der Insulinmengen, spritze selbst und bestimme, was und wie viel ich esse. Ebenso überprüfe ich die Blutzuckerwerte selbst mit dem eigenen Prüfgerät. Dies empfinde ich als eine angenehme Geste der Nichtgängelung der Verantwortlichen und ein ungewöhnliches Verhalten in einem Krankenhaus. In den folgenden Tagen normalisieren sich die Blutzuckerwerte recht zügig. Da alle mit der Operation im Zusammenhang stehenden Wundheilungsvorgänge gut verlaufen, darf ich nach siebzehn Tagen das Krankenhaus verlassen. Schon im Krankenhaus beginne ich - unter Anleitung - mit dem Training zur Innervation des vorderen Beckenbodenmuskels. Dieses Beckenbodentraining wiederhole ich danach ebenfalls unter Anleitung bei regelmäßigen Krankengymnastikterminen und übe es seither täglich zuhause.

So ist meine äußere Lage, doch mein innerer Zustand ist ein anderer. Ich fühle mich gekränkt und ungerecht behandelt, weil genau mir das passiert. Seit fast fünf Jahrzehnten ist der Diabetes zu meinem ständigen Begleiter geworden, und bis jetzt werde ich nicht von Folgeerkrankungen geplagt und jetzt das – einfach ungerecht!! Bloß, wer soll mich gekränkt haben? Jedoch mein Gefühlzustand ist so, allein der Verstand sagt etwas anderes: Die statistische Wahrscheinlichkeit an Prostatakrebs zu erkranken ist sehr hoch, da er der häufigste bösartige Tumor bei Männern ist. Erst jetzt wird mir klar, mein Vater starb daran. In seinem letzten Lebensjahr litt er unter starkem Asthma. Heute weiß ich, dass das Anzeichen für Metastasen in der Lunge sind. Er war ein Jahr vor seinem Tod wegen seiner Prostata im Krankenhaus. Was genau vorlag, darüber wurde nicht gesprochen. Der Schluss aus all dem lautet: Ich bin genetisch vorbelastet!

Jetzt, über zwei Jahre nach der Operation merke ich, dass das Leben mit dem Diabetes für mich eine große Übung war und ist. 46 Jahre musste ich mich einüben, mit der Unvollkommenheit meines Körpers – Leben ohne körpereigenes Insulin – zurechtzukommen und einen eigenen Weg zu finden. Kurz nach der Operation hatte ich große Schwierigkeiten mit der Inkontinenz. Nach Entfernung der Prostatakapsel muss ja eine neue Verbindung zwischen Blase und Harnröhre hergestellt werden d. h. bei der Operation wird die Harnröhre verkürzt und neu verlegt, und dies beeinflusst den verbliebenen Schließmuskel. Anders ausgedrückt: Es setzt ihn unter Stress! Durch tägliches Üben des verbliebenen vorderen Beckenbodenmuskels oder Schließmuskels merke ich, dass ständiges Üben eine neue Unabhängigkeit von der Inkontinenz und Bewusstheit für diese Körperregion schafft. Aus Unterhaltungen weiß ich, dass viele von derselben Operation Betroffene diese Unabhängigkeit nicht erreichen. Gegenwärtig reagiert der Muskel bei mir wieder weitgehend unwillkürlich, wie ich es von der Zeit vor der Operation gewohnt war. Wiederum sind die drei Fähigkeiten ausschlaggebend: Einsicht

in die Zusammenhänge, Willenskraft und Selbstdisziplin.

19. Hypoglykämien (Unterzuckerungen) – Ein unausweichliches Schicksal?

Bis 1988 erlebte ich nur sehr wenige Hypoglykämien. Dies lag auch daran, dass ich die frühen Warnzeichen wie Schwitzen, Zittern der Hände und Heißhunger in der Regel wahrnahm und sofort handeln konnte, indem ich Dextroenergen zu mir nahm. Anders wird dies 1989 nach der Umstellung auf das Human-Insulin. Seit dieser Zeit unterbleiben häufig die Warnzeichen einer Unterzuckerung bei mir. Sie tritt sozusagen unvermittelt auf. Dies wird zwar in der Literatur unter anderem mit einer deutlich verringerten Wahrnehmungsfähigkeit (Fachbegriff: fehlende awareness) bei längerer Diabetesdauer erklärt, doch dies überzeugt mich nicht, da es mir eindeutig erst seit der Umstellung auf das Human-Insulin zum Problem wird und vorher im Verlauf von 28 Jahren während der Therapie mit tierischem Insulin kein großes Thema war. Zur Vermeidung von Unterzuckerungen überprüfe ich seitdem häufiger meine aktuellen Zuckerwerte.

Trotzdem überraschen mich dann und wann Hypoglykämien, besonders in Stresssituationen. Zur bewussten Annahme und Bewältigung meiner chronischen Erkrankung gehört ja in erster Linie die Tatsache, dass ich sozusagen meine ausgefallene Bauchspeicheldrüse durch Überlegung und situativ angepasstes Handeln ersetze. Diese notwendige Selbstkontrolle ist ein permanenter Prozess, der lebensnotwendig ist und mich nie loslässt. Darum überkommt mich in solchen Augenblicken des Kontrollverlustes eine Panik, oder unbewusst der Versuch der Verdrängung. Mein Leben erscheint mir dann völlig unkontrollierbar. Wo doch die Kontrolle für mich grundlegend ist. Im Nachhinein kommt mir dann mein Leben immer wie ein Drahtseilakt oder eine Gratwanderung im Hochgebirge vor, quasi ein Leben am Rande eines Abgrundes.

Bevor ich Beispiele aus meinem Alltag schildere, ist der Hinweis wichtig, dass mein Umfeld über meine Krankheit informiert ist. Dies gilt auch für meine Schulklassen, die ich unterrichte: Zu Beginn eines Schuljahres kläre ich sie darüber auf, dass ich

Diabetiker bin, mehrmals täglich spritze, eine bestimmte Diät einhalten muss und dass es unter Umständen als Folge daraus vorkommen kann, dass ich während des Unterrichts einen beginnenden Zustand der Unterzuckerung bemerke und dann etwas essen würde – für Notfälle hätte ich stets mehrere Stückchen Traubenzucker (Dextroenergen) in der Hosentasche. Sollte ich im Unterricht mit großer Verzögerung reagieren oder ungewöhnlich langsam sprechen, dürften sie mich jederzeit darauf aufmerksam machen.

Variationen der Unterzuckerung anhand einiger Beispiele:

<u>Unterzuckerung 1993</u>

Unterzucker stellt natürlich objektiv gesehen eine Bedrohung dar für jeden, dem sie zustößt. Aber ich erlebe im Frühjahr 1993 in meiner Wohnung am Wohnzimmertisch sitzend eine Unterzuckerung keineswegs als negativen, bedrohlichen Zustand, den es zu meiden gälte. Vielmehr vermittelt sich mir in diesem Fall das Gefühl als stände ich unter leicht halluzinogen oder bewusstseinsverändernd wirkenden Drogen. Für mich scheint die Zeit stehen zu bleiben. Dieser Moment des Stillstands nimmt kein Ende. Es ist wie ein Anhalten der sonst bedrängenden Zeit in einem Augenblick, der nicht enden will. Es breitet sich ein Gefühl des Ja-Sagens zu mir selbst, eine leichte Euphorie in mir aus. Von außen betrachtet sollte man es nicht meinen, aber es ist so: ein durch und durch erstrebenswertes Widerfahrnis. Durch einen Zufall befreie ich mich aus dieser Situation und erkenne sofort die Gefahr, als ich den Zucker messe und 30 mg/dl feststelle: ein lebensbedrohlicher Wert. Was ich damit sagen will ist: es sind nicht nur Angstzustände, die ich bei Unterzuckerungen durchlebe.

Unterzuckerung Juni 1996 London

Während einer Studienfahrt mit zwei 11. Klassen bin ich mit einer Gruppe und dem Kollegen Michael Salomon in der National Gallery. Konkret: Ich werde langsamer. Michael sagt: "Iss was Anton, du hast Unterzucker! " Ich lehne ab, was zu essen. - mir kann das doch nicht passieren. Aber er lässt nicht locker, macht mich erneut darauf aufmerksam. Schließlich prüfe ich meinen aktuellen Zuckerwert und habe natürlich einen zu niedrigen Wert. Sofort esse ich eine Fruchtschnitte, die ich dabeihabe. Michael sagt hinterher, dass er schon überlegt habe, was er tun müsse, falls ich nicht mehr ansprechbar sei.

Unterzuckerung Juni 1998

An einem Samstagabend während der Fußballweltmeisterschaft schaue ich zusammen mit meinem Sohn ein Spiel an und lege mich danach, weil ich sehr müde bin, ins Bett. Ich vergesse die Spätmahlzeit, und so um Mitternacht findet mich mein Sohn verkrampft im Bett. Er hat zuvor röchelnde Geräusche aus meinem Schlafzimmer gehört. Es ist ihm unmöglich, mir noch etwas Zuckerhaltiges einzuflößen. Er weiß sich nicht mehr zu helfen und ruft den ärztlichen Notdienst an. Kurz darauf steht der Rotkreuzwagen vor der Tür. Der Notarzt gibt mir eine Glucagonspritze. Ich komme wieder zu mir und bin erstaunt, dass plötzlich drei Helfer in weißen Kitteln bzw. Anzügen um mein Bett herumstehen. Sie bereiten mich vor für einen Abtransport ins Krankenhaus. Erst langsam kommt mir zu Bewusstsein, dass ich aus einem Unterzucker aufgewacht bin. Auf meinen Protest hin – ich will nicht ins Krankenhaus – antwortet der Arzt, dass ich nach dieser schweren Unterzuckerung weiter beobachtet werden müsse. Also geht es mit Blaulicht ins hiesige Kreiskrankenhaus. Wenig später liege ich in der Intensivstation. Stündlich kommt die diensthabende Schwester zur Blutzuckerkontrolle. Um sieben Uhr in der Frühe gibt es Frühstück und die Insulinspritze. Meine Blutzuckerwerte sind wieder völlig in Ordnung, wie mir die Schwester mitteilt. Ich frage sie, wie lange ich noch verweilen müsse, ich wolle keinesfalls bis zur mittäglichen Visite dableiben. Sie bespricht meine Werte mit dem Stationsarzt und trägt meine Bitte um sofortige Entlassung vor. Meinem Ansinnen wird entsprochen. Um 10.00 darf ich das Krankenhaus wieder verlassen. Seit 28 Jahren bin ich auf diese Weise das erste Mal wieder in einem Krankenhaus!

Unterzuckerung März 2002

Ich stehe um 6.15 Uhr auf, prüfe den Zucker, spritze die entsprechende Menge Human-Insulin, frühstücke und fahre wie üblich um 7.10 Uhr zur Schule. In der ersten Stunde unterrichte ich Deutsch in Klasse 12 (Brecht: *Leben des Galilei*). Während ich in die Klasse gehe, die Lektüre auspacke und meine Aufzeichnungen auf das Pult lege, merke ich bereits, wie meine Orientierung in meinen eigenen Aufzeichnungen nachlässt. Anstatt dem nachzugehen, mich zu entschuldigen und den Raum zu verlassen, versuche ich zu unterrichten, verliere die Übersicht und den roten Faden. Ich registriere noch, dass ich mich ständig wiederhole und immer langsamer werde. Die Schüler melden sich und sagen, ich hätte Unterzucker, wiederholen dies noch einmal, legen mir sogar ein Stück Traubenzucker hin und fordern mich auf, es zu essen. Ich aber reagiere ablehnend: „Mir kann das nicht passieren, " vermittelt mir mein Selbstbild. Es ergibt sich ein Geplänkel zwischen mir und den Schülern, das erst durch den Gong am Ende der Stunde beendet wird. Ich stürme ins Lehrerzimmer, messe meinen Blutzucker und stelle einen Wert von 40 mg/dl fest. Ich erschrecke zutiefst über diesen bedrohlichen Wert und kann in letzter Minute das Eintreten eines hypoglykämischen Schocks durch den Verzehr einer Banane verhindern.

Am nächsten Tag, als ich wieder in die Klasse komme, entschuldige ich mich für mein störrisches Verhalten und es kommt zu einem Gespräch über Krankheit und Hilfsbedürftigkeit. Dieses Gespräch ist getragen von einem hohen, existenziellen Niveau und es zeigt sich, dass ich auch als Lehrer einmal verletzbar sein darf. Dies erhöht die Autorität, statt sie zu mindern.

Unterzuckerung Mai 2004

Ich bin bei meiner Schwester in Bremen zu Besuch. Sie wohnt am Stadtrand im Grünen. Ganz in der Nähe beginnen die Marschlandschaften, die zum Teufelsmoor führen. Weitläufige Radwege laden zum Radfahren ein. Nachmittags gegen 17.30 Uhr, meine Schwester will schon das Abendessen vorbereiten, entschließe ich mich, noch etwas Rad zu fahren. Ich kenne mich in der Gegend gut aus und radle zunächst Richtung Teufelsmoor. Wie es der Teufel will, habe ich keinen Traubenzucker für den Notfall bei mir. Nach etwa 30 Minuten kehre ich um, denn ich will zum Abendessen pünktlich zurück sein. Doch als ich den Rand der Bebauung erreiche, kenne ich mich plötzlich nicht mehr aus. Ich führe dies darauf zurück, dass in Neubaugebieten alle Häuser identisch aussehen. Ich fahre wirr umher, weiß nicht einmal mehr die Adresse meiner Schwester, so dass ich niemanden nach dem Weg fragen kann. Panik ergreift mich. Ich habe den Eindruck, dass dieser Zustand nicht enden will. Da plötzlich kommen mir vom Einkaufen tags zuvor eine Straße und ein Weg bekannt vor. Ich steige ab und schiebe mein Fahrrad, um mich besser orientieren zu können. Nach kurzer Zeit stehe ich vor dem Haus meiner Schwester und klingle. Sichtlich erleichtert begrüßt sie mich. Ihr Mann ist bereits seit fast einer Stunde unterwegs, um mich zu suchen, denn die beiden sind in großer Sorge, weil ich nicht zum Essen erscheine. Mittlerweile ist es 19.30 Uhr und ich habe jegliches Zeitgefühl verloren. Sofort messe ich meinen Zucker und ermittle einen Wert von 43 mg/dl. Solch einen orientierungslosen, ja fast hilflosen Zustand in fremder Umgebung habe ich noch nie erlebt. Aber es war auch leichtsinnig, ohne Traubenzucker, ohne Messgerät und ohne Handy loszufahren.

Unterzuckerung März 2005

Ich sitze abends vor dem Fernseher ca. 22.00 Uhr; nach einer gewissen Zeit erscheint mir alles unwirklich. Ich verstehe nicht, was sich im Fernsehen abspielt, kann keine Zusammenhänge herstellen, bringe es nicht fertig den Fernseher auszuschalten, weiß nicht, wo ich bin, was für eine Tageszeit es ist.

Im Nachhinein ist mir natürlich klar, dass dieses zusammen Zeichen einer totalen Orientierungslosigkeit sind. Nur, in der konkreten Situation bin ich hilflos, kann mich nicht aus der Lage befreien. Ich versuche meinen Zucker zu prüfen, doch ich kann das Prüfgerät nicht bedienen. Panik ergreift mich. Der Verstand scheint ausgeschaltet. Statt etwas zu essen, werde ich unruhig und weiß nicht mehr weiter. Da plötzlich kommt es mir: Ruf Jonathan an! Seine Nummer ist im Telefon gespeichert. Ich erreiche ihn in seiner Studentenbude in München, schildere ihm meine Situation. Er sagt sofort, weil er es an meiner Stimme hört: "Du hast Unterzucker, iss etwas!! " Jetzt gehe ich rasch in die Küche, esse unverzüglich ein paar Stück Traubenzucker, trinke ein Glas Orangensaft und kaue eine Scheibe Brot. Wir unterhalten uns noch weiter und nach etwa 10 Minuten erscheint mir wieder alles normal. Ich weiß, wo ich bin, wie spät es ist (23.00 Uhr), die Wände sind wieder gerade. Als ich meinen Zucker prüfe, wird natürlich ein sehr niedriger Wert angezeigt, der sich aber bei einer erneuten Prüfung 15 Minuten später schon auf 100 mg/dl erhöht hat. Ich verabschiede mich von meinem Sohn am Telefon.

Meine Orientierungsfähigkeit habe ich zurücker-
langt/wiedererlangt.

20. Raus aus der Medikamentenlüge oder „Mythos vom Humaninsulin "

Etwa ein Jahr nach meiner Krebsoperation im Juli 2007 nehme ich mir die Lösung meiner nächsten Problematik vor. Meinem Hausarzt habe ich schon vor einiger Zeit angekündigt, dass ich eigentlich wieder das tierische Insulin verwenden möchte, wegen der fehlenden oder deutlich verringerten Wahrnehmungsfähigkeit von Hypoglykämien bei der Verwendung von Humaninsulin. Aber es gibt ja in Deutschland kein tierisches Insulin mehr – so ist der Stand meines derzeitigen Wissens. Ich gehe mit diesem Anliegen auch zu einer Diabetesklinik in der Nähe meines Wohnortes, wo sie mich mit dem Hinweis abspeisen auf verminderte Wahrneh-mungsfähigkeit von Hypoglykämien bei längerer Diabetesdauer. Sie geben mir die Schuld und stel-len mich als Tölpel hin. Dies bei jahrzehntelangem souveränen Umgang mit dem Diabetes ohne Spät-komplikationen. Sie empfehlen mir ein Awareness-training. Genau das überzeugt mich nicht, da die nicht wahrgenommenen Hypoglykämien mich erst treffen seit der Therapie mit Humaninsulin. Das wiederum wollen sie dort nicht hören.

Computer und Internet sind mir bei meiner Recherche wertvolle Hilfsmittel. Ich gebe das Stichwort „Hypoglykämie bei Humaninsulin " ein und erhalte Hinweise auf das Problem aus der Schweiz. Die Internetadresse www.diabetes-ernährung.ch bringt mich unter anderem auf den Bellagio Report. Dieser Bericht ist benannt nach dem Rockefeller Konferenzzentrum Bellagio in Como, Italien und fasst die Ergebnisse eines internationalen Seminars „Entwicklung einer Strategie zur Erhaltung tierischer Insuline " zusammen. Eine Anzahl internationaler medizinischer Fachleute unter der Leitung von Professor Dr. Arthur Teuscher trafen sich hier 1996 und formulierten die Forderung „über die Notwendigkeit einer umfassenden Information von Diabetikerinnen und Diabetikern bei der Wahl ihrer Insulinbehandlung ". Zu diesen Aussagen kam es auf Grund der zunehmenden Verdrängung des tierischen Insulins durch das gentechnisch hergestellte sogenannte Humaninsulin seit 1981. Auch über Internetadressen in Deutschland z. B.

www.modernes-tierisches-insulin.de erhalte ich weitere hilfreiche Informationen. Über Professor Dr. Arthur Teuscher, Bern, gelange ich zu Frau Sabine Hancl, die das Buch „Tierisches Insulin - Patientenberichte ", herausgegeben hat. Von ihr bekomme ich zusätzliche Hinweise in Bezug auf die Problematik der fehlenden Hypoglykämiewahrnehmung unter der Behandlung mit gentechnisch hergestelltem, synthetischen - dem sogenannten Humaninsulin. Außerdem vermittelt sie mich an Dr. von Kriegstein in Bad Bevensen, weiter. Nach einem ersten Kontakt mit ihm und weiterer intensiver Beratung beginne ich am 1. Oktober 2008 die Umstellung auf tierisches Insulin. Ich decke seitdem die Basalraten mit dem argentinischen Insulin „Betasint U-40P, Insulina Porcina, NPH ", ab. Als schnellwirkendes Insulin verwende ich von der gleichen Firma „Betasint Insulina Porcina, Corriente Neutra U-40P. " Die Basalraten des langwirkenden Insulins, die morgens bzw. abends gespritzt werden, decken die Insulinmenge ab, die der Körper im Nüchternzustand also ohne Mahlzeiten ständig nötig hat. Das schnellwirkende Insulin wird benutzt, um den Insulinbedarf abzudecken, der durch die

Mahlzeiten entsteht. Gespritzt wird es morgens, mittags und abends. Die Insuline beziehe ich aus der Schweiz über die Auslandsapotheke, Runge-Pharma in Lörrach. Einmal im Monat übersende ich Doktor von Kriegstein meine ausgefüllte von ihm konzipierte Insulintabelle per E-Mail als Excelformular. Diese schickt er mir bearbeitet zurück. So kann er mich auf Zusammenhänge aufmerksam machen und ich kann ihn bei Bedarf konsultieren.

Nach kurzer Zeit der Therapie mit dem tierischen Insulin bemerke ich Hypoglykämien wieder rechtzeitig, sodass ich früh genug reagieren kann. Meistens nehme ich sie über die Augen wahr, indem ich doppelt sehe oder zusätzliche Muster, Kreise oder Punkte in der Mitte des Sehfeldes erkenne. Nach sechsunddreißig Monaten der Therapie mit dem argentinischen Insulin kann ich jetzt sagen, dass meine Blutzuckerwerte insgesamt noch stabiler sind, wenige Hypoglykämien vorkommen. Wenn sie heraufziehen, bemerke ich sie rechtzeitig. Nächtliche Hypoglykämien ereignen sich fast nicht mehr. Der HbA1c Wert beträgt 6,0 oder 6,1 %, stellt somit einen guten Langzeitwert dar und gibt Auskunft über das Blutzuckergedächt-nis der letzten 8 – 12 Wochen.

Hier bestätigen sich für mich einige Schlussfol-gerungen aus dem Bellagio-Report S. 7 „Bei Feh-len von Hypoglykämiewarnsymptomen oder zu-nehmenden Schwierigkeiten der Wahrnehmung kann ohne weiteres von einer Insulinspezies auf die andere gewechselt werden. Die Umstellung von Humaninsulin auf tierisches Insulin ergibt in den meisten Fällen eine Verbesserung der Hypo-Wahr-nehmung. [...] Leider wurden die Erfahrungen von Patientinnen und Patienten nur zu oft als `Einzel-fälle` und daher von geringem Wert eingestuft. Diese Patientenerfahrungen wurden jetzt durch die Erkenntnis bestätigt, dass Unterschiede in der Funktion des Nervensystems beim Verlauf der Hy-poglykämie unter Humaninsulin im Vergleich zur Hypoglykämie unter tierischem Insulin bestehen. [...] Einen weiteren Teil der Erklärung der Hypogly-kämieunterschiede liefern die Differenzen der kleinsten Teilchen von Human- und tierischem In-sulin. Tierisches Insulin ist lipophiler (fettlöslicher) als Humaninsulin mit mehr hydrophilen (wasserlöslichen) Eigenschaften. Daraus resultiert eine raschere Passage der Blut-Hirnschranke mit erhöhter innergehirnlicher Anreicherung von Schweineinsulin im Hirngewebe und nachweisbarer höherer Insulinkonzentration während der ersten 20 Minuten einer Hypoglykämie. "

Dies wird durch meine jetzigen Erfahrungen der rascheren Wahrnehmung von Hypoglykämien seit der Verwendung des tierischen Insulins bestätigt. Zur Wirkungsweise des tierischen Insulins merke ich noch an, dass das Resultat längst nicht so stark ist wie bei dem sogenannten Humaninsulin. Das tierische Insulin wirkt langsamer und kontinuierlicher, weniger „gefährlich ", es „beißt nicht so zu " wie das Humaninsulin. Heute wird zwar immer von sofortiger Wirksamkeit von Insulin gesprochen, wobei den Fachleuten – und Betroffene werden mit der Zeit auch zu Fachleuten! - doch klar sein sollte, dass alle Insuline, auch die sogenannten Humaninsuline und Analoginsuline, direkt nach dem Spritzen zu wenig wirken und oft auch zu lange, so dass man nach meinen Erfahrungen auf Zwischenmahlzeiten immer angewiesen ist. Nach meiner erleb-

ten Praxis ist das tierische Insulin besser handhab-
bar als das sogenannte Humaninsulin und darüber
hinaus ist die Hypoglykämiewahrnehmung wieder
gegeben.

Angesichts meines Erlebens einer ambulanten
Behandlung in der vorhin erwähnten Diabetes-Klinik und meines jetzigen Wissens über die unter-
schiedliche Wirkungsweise des Humaninsulins und
des tierischen Insulins in Bezug auf die Blut-Hirnschranke kann ich feststellen, dass ich dort nicht
ernstgenommen wurde. Mein Problem wurde als
krankhaft hingestellt und auf mich als Einzelnen
bezogen und damit auf eine andere Ebene ge-
schoben. Der Einzelne ist schuld und nicht das zur
Therapie verwendete Medikament. Nur ist es nach
meiner Erfahrung genau umgekehrt. Der Wechsel
der Insulinspezies führt wieder zur Wahrnehmung
von Hypoglykämien. Anders in der oben erwähnten Klinik: Es wird über den Patienten hinweggere-
det, seine individuellen Erfahrungen gelten nichts.
Der Arzt weiß alles besser. Der Patient zählt im
Grunde nicht. Noch ergänzend zu bemerken ist
folgendes: Die Erkenntnisse des Bellagio - Reports

von 1996 über die Unterschiede in der Funktionsweise des Nervensystems beim Verlauf der Hypoglykämie unter Humaninsulin im Vergleich zur Hypoglykämie unter tierischem Insulin stellen ja kein Geheimwissen dar. Sie sind veröffentlicht und jedem Facharzt zugänglich. Oder wird das wohlweislich ignoriert, weil es nicht ins Konzept passt beziehungsweise den Absatzstrategien von Großkonzernen wie Sanofi-Aventis, Lilly oder Novo Nordisk widerspricht?

Hätte ich nicht selber hartnäckig recherchiert, wäre ich nicht auf das im Ausland noch erhältliche tierische Insulin gestoßen. Ich wiederhole hier noch einmal, dass die Erkenntnisse und Folgerungen des schon mehrmals zitierten Bellagio - Reports richtig sind und durch meine eigenen Erfahrungen bestätigt werden. Noch etwas ist ganz wichtig: Die von mir im vorangehenden Kapitel geschilderten Hypoglykämien stammen alle ausnahmslos aus der Zeit meiner Therapie mittels Humaninsulin. Seit dem Therapiewechsel zum tierischen Insulin zurück habe ich noch keinen derart hilflosen Zustand der Unterzuckerung, wie ich sie zuvor beschrieben habe, erlebt. Diese Tatsache unterstreicht noch einmal überaus deutlich die schon angeführten Einsichten des Bellagio - Reports.

Für jeden von Diabetes Typ 1 Betroffenen, der Schwierigkeiten mit der Hypoglykämiewahrnehmung hat, ist die Überprüfung der bestehenden Insulintherapie und die Hinwendung zum tierischen Insulin (unter fachärztlicher Beratung) – nach meinen eigenen zuvor dargelegten Erfahrungen – der entscheidende Schritt zur Lösung dieser unter Umständen lebensbedrohlichen Problematik.

Wichtige Adressen:

Zur Kontaktaufnahme mit dem Verfasser die E-mail Adresse:
anton.schulenburg@gmail.com

www.modernes-tierisches-insulin.de
hier wiederum finden sich wichtige Informationen.

Zeitfracht Medien GmbH
Ferdinand-Jühlke-Straße 7
99095 Erfurt, Deutschland
produktsicherheit@kolibri360.de